優美な剣道 出ばな一閃

第二章　剣道上達講座

第三章　剣道談義

はじめに

東京で二回目のオリンピック開催が予定されていた令和2年（2020年）の初頭から、翌年に延期して開催されたオリンピックを経て現在に至るまで、新型コロナウィルス並びにその変異株による感染症の世界的な蔓延は、人々の生活や行動に非常に大きな影響や変化を及ぼし続けています。

剣道においては、感染防止のために日常の稽古が自粛されたり、口・鼻にマスクや面金の内側に透明のシールドを装着して稽古や試合・審査を行うことが求められるようになりました。その様子は、第二次世界大戦敗戦後の7〜8年にわたり剣道が禁止されていた過去の時代を私に連想させます。どちらも、稽古が自粛や禁止される中、様々な機会や場所を見つけて綿々と稽古を続けようと努力したり、色々な形態や様式を工夫しながら、稽古にはじまり試合や審査を継続しようとしている点で、人々の苦労や努力が共通しているように感じてならないからです。

それほど、剣道実践者や愛好家は、剣道がやりたい、剣道が好きでたまらないということなのでしょう。過去の様々な時代や社会の変化を通じてもなお、綿々として受け継がれてきた日本の代表的な運動文化である剣道の魅力はどこにあるのかと、つい考えてしまいます。さらに今日的には、剣道の実践を通しての意義や価値とはどのようなものなのかと、あらためて考えさせられています。

一方、近年の学校教育に目を向けたとき、平成二十四年（2012年）度から、中学校武道必修化の完全実施にともない、男女共に全ての中学生が第一・第二学年において武道を学ぶ（第三学年は引続き選択）こととなりました。専門種目が剣道である体育教師の私としては歓迎するべきことではありますが、実際に剣道を授業に取り入れている割合が柔道に比べて全国的に低いこと（全体の35％前後）と、高校に関しては必修から選択へと移行されたことは、大変残念に思っています。とはいえ、必修・選択に関わらず剣道の教育的意義や価値が認められ、学校教育を通じて普及・伝承されていくわけですので、剣道の「何を・何故・どのように」を正しく伝えていく責任を感じているところでもあります。

また、私は学校教育に携わってきた者として、各教科・科目の授業を通じて生徒や子どもたちが授業の内容を「わかる・できる・おもしろい（もっと知りたい・やってみたい）」と実感できることが重要であると考えて、そのことを念頭に置き授業に取り組んできました。このことは、学校における課外活動としての部活動についても全く同じであり、剣道実践の意義や価値を部員に正しく伝えて「わかる・できる・おもしろい」と感じられることが稽古の継続へとつながり、結果として剣道の上達や深化へと導いていくこととなり、部員個々の大きな価値観の形成や、「剣道の理念」で述べられているところの人間形成へと結びついていくと考えています。

公立高校を退職した現在は、大学の剣道部において学生の指導に関わるとともに、県内ではいくつかの道場や群馬県剣道連盟（以下県剣連という）並びに私の所属支部の定例稽古に参加しています。さらには、全日本剣道連盟（以下全剣連という）の社会体育指導員委員会の一委員として、各種講習会にも関わるようになりました。その中で常に思ってきたことは、稽古や講習会に参加する多くの皆さんが、少しでも剣道の更なるおもしろさや奥深さに気づくとともに、そのことを体感してほしいということでした。これは、自分自身に課せられた（と個人的に感じている）課題や責任でもあると考えています。今後、生涯にわたり剣道を継続し、高め・深めていくための動機付けとなりえる具体的・効果的な助言とはどのようなものなのか、今回改めて私自身の考えや実践例をまとめたものが本書です。

ただし、その内容のほとんどは、私が剣道八段に合格した平成16年（２００４年）以降に雑誌「剣道時代」で特集・掲載されてきた私自身の考えや実践例を基にしています。本書ではそれら個々の内容を、新たに大きく二つの柱に分類・再編集しまとめました。一つは「昇段審査対策」で、もう一つは「剣道上達講座」です。剣道を実践する上で大きな動機付けとなるのは、自分の剣道の能力・実力を公的に認定してもらう「昇級・昇段審査」と、お互いの技術の優劣や勝敗を競い合う「試合・大会」とに分けることができます。前者を絶対的評価、後者を相対的評価と考えることもできますが、本書ではこの大きな二つのテーマに沿って過去の掲載内容を整理しました。

しかし、本来はそれぞれの評価を高めるための、別々の理論や技術があるわけではありません。自分自身が理想として考え追求し実践している自身の剣道の、評価のされ方としての二面性をいっているに過ぎません。昔より、剣道では「稽古」「試合」「審査」はそれぞれ別なものとして考えたり実践するのではなく、共通性・一貫性をもって修業することの大切さが説かれています。繰り返しの説明となりますが、大きな二つのテーマは根本的・本質的には別々のものではなく、本来は分け隔てなく実践する、実践できることが重要であり必要なのです。このことを理解した上で「対策」と「講座」の内容を読み比べてみてください。すると両方に共通したり関連する内容が、結構多いことに気がつくかもしれません。あるいは、それぞれ別のテーマに応用ができる内容が見つかるかもしれません。それは貴重な気づきであり、自身の剣道の大きな進歩となるに違いありません。

とはいえ、剣道は理屈や理論だけで昇段したり上達するわけではありません。理解できたことや気づいたことを動作や行動に落とし込む作業が必要になります。これはまさに自分自身の作業です。言葉や文字で指導・助言できても、できるようになる・コツをつかむのは本人次第なのです。そのような意味で、本書の内容をただ単に理屈の理解に止めず、内容を自分なりに消化し身につけられるよう、さらに今後の稽古に取組んでいただけたらと願っています。

なお、雑誌「剣道時代」に掲載させていただいた内容を単行本として本書で改めてまとめるにあたり、文章のいい回しや表現方法を訂正したり、過去と現在で私の考え方や実践方法に多少の相違が生じている内容については、現時点でのものに書き換えさせていただきました。

また本書は、剣道の歴史的・文化的考察や、各種学会における学術的な発表または論文などを目的としたものではありません。私個人の半世紀以上にわたる剣道経験の中で、特に八段取得以降の考え方や実践方法に基づいた対人的・技術的考察に過ぎません。人それぞれの剣道に対する考え方や実践方法があることは当然でありますが、本書が皆様ご自身の剣道をさらに深める・高めるために少しでも参考となればありがたい限りです。さらに付け加えて、皆様から何らかの機会に本書に関するご質問やご意見、あるいはご感想などをいただければ幸いと存じます。

第一章　昇段審査対策

上達の着眼点

正しく美しい剣道を求めれば自ずと強さとなって現れる

指導者のいない環境のなかで防具を担いで稽古を求めた中高時代

私は小学2年生のとき、自宅に近い東部通信道場というところで剣道に出会いました。いわゆる昔ながらの道場で、昨今のように試合に勝つことに主眼を置いた稽古はほとんどありません。県外の試合に参加することもごくまれで、3月に茨城県で行なわれる錬成大会や、夏の日本武道館で行なわれる大会が、当時の私たちが唯一心を躍らせることのできるイベントでした。

日々の稽古内容もいたってオーソドックスなものでした。館長は当時の東部通信工業の代表であり、群馬県剣道連盟の会長を務められていた古関幸平先生。指導はほとんどが東部通信工業の社員の方々で、切り返しから基本打ち、打ち込み、掛かり稽古、指導稽古と、さまざまな年齢層の先生方に稽古をいただくことができました。今振り返れば、このようなかたちで多くの指導者に囲まれて稽古ができていたのは、とても恵まれたことだったのかもしれません。ただ、当時の私はその環境を恵まれていると思うほど心が成熟していたわけではなく、持て余していたエネルギーを発散する場所として、道場に通っていた気がします。

東部通信道場には、前述したようにさまざまな年齢層の先生方がおられました。現代のように褒めて伸ばすような時代ではありません。年配の先生からは「そんなんじゃダメだ！」と厳しくご指導いただきました。そんななかにあって、古関館長は打たせて褒める稽古を実践されていました。古関先生の「まいった！」という言葉が聞きたくて、積極的に掛かっていったことを今でも思い出します。

私が進学した新島学園は、当時の群馬県では珍しい中高一貫校でした。中学校に入学したときにはもう剣道の楽しさを感じるようになっていましたが、新島学園の剣道部には専門的な指導のできる先生がおらず、私は機会あるごとに出稽古に励む日々を送っていました。東部通信道場はもちろん、高崎市の警察署で行なわれていた稽古にも努めて顔を出すようにしていました。指導者不在は本来であれば不遇な環境のはずですが、私の場合は、こういった大人の稽古会に気兼ねなく参加させていただいていたこともあり、あまり稽古環境に関する不自由を感じてはいなかったように思います。

新島学園高校に進学してからは、青柳孝先生や別府重龍先生など、現在も深いお付き合いをさせていただいている他校の先生方と面識ができ、先生方が教鞭を執られていた学校の練習によく参加させていただくようになりました。これも、指導者がいなかったことの一つの利点だったと思います。私一人で防具を担いで行くこともありました。今思えば恥ずかしげもなくよくやっていたと思いますが、どの先生方も優しく私を受け入れてくれました。

日々の稽古では、私が出稽古で得てきた情報を部で共有して、実際に稽古で行なってみるということが多々ありました。どこかに行ってはその稽古を真似てみる、先生からいわれたこと、注意

本物の剣道を求めて筑波大学へ 基礎基本の大切さを実感した

剣道をさらに深く学びたい。大学ではきちんとした指導が受けられて、なおかつ自分の実力が試せるような実績のあるところに進学したいと考えていました。当初は家が商売をしていたこともあり、商学部や経済学部のある私大をメインに受験先を模索していたのですが、そのなかで一校だけ、国公立であればと青柳先生などから勧められていた筑波大学を志望校に入れていました。

高校時代に群馬県ではそれなりの実績を残していたこともあり、剣道でのセレクションの話もいくつかいただいていたのですが、進学したいという理由ですべてお断りしました。そして通常の受験で大学進学を目指したのですが、蓋を開けてみれば商学部や経済学部、政経学部はことごとく落ちてしまい、受かったのが筑波大学でした。このとき、筑波大学で剣道を磨いて、将来は指導者の道に行くのも一つの選択肢かなと、はじめて教員の道を意識しました。

青柳先生をはじめ、東京教育大学卒業の他の先生方から、筑波

されたことを仲間に話す、その繰り返しがどこか自由で、楽しくいう言葉が聞きたくて、積極的に掛かっていったことを今でも思い感じていました。しかし、一方では、本物の剣道への渇望というか、自分の剣道はこれでいいのかという葛藤はありました。剣道をもっと知りたい、やってみたい、その気持ちが、私を筑波大学へと導いたのかもしれません。

大学のよいところを多く聞かされていました。国士舘大学や日本体育大学などは厳しい稽古が容易に想像できますが、筑波大学がどんな稽古をしているのか、私は想像できぬままに入学。春合宿で同期の香田郡秀氏（範士八段・筑波大学教授）や長尾進氏（範士八段・明治大学教授）たちが「高校のときだってこんなに厳しかったことはない」と口々にいうなか、私はこれまで厳しい稽古を経験したことがなかったので、「大学とはこういうところか」と、思ったより早く順応することができたと思います。

筑波大学での4年間が、私の剣道の幹となっていることは間違いありません。とくに基礎基本は徹底して身につけられるよう努力しました。将来は指導者として、子供たちの疑問に明快な答えを出してあげられるようになりたい。必死で剣道に邁進した4年間だったように思います。将来、私の剣道に大きな影響を与えてくださることになる佐藤成明先生や故・今井三郎先生との出会いも、この筑波大学でした。

大学を卒業してからは群馬県の教員としての生活がはじまりましたが、私が持論としていたのは「剣道を教えることはできるが、勝負は自分でつかめ」ということです。剣道とはこうあるべきというものは、生徒と稽古をするなかで、私自身が身をもって示してあげることができます。しかし、勝負の機微は、自分でつかみとらなければいつまで経っても身につけることはできません。まず私ができることは、日々の稽古で生徒が勝負できるところまで、剣道の土台を積み上げてあげることでした。

剣道の土台というのは、先ほどいった基礎基本ということになるかと思います。指導者になってから多くの高校と練習試合などをさせていただきましたが、基礎基本の部分で驚かされたのはPL学園高校です。PL学園の生徒たちは、川上岑志先生から指導された基本どおりの剣道を試合の場でも実践し、勝利を収めていました。彼らの剣道を見るにつけ、いかに早いうちから、理合を意識した剣道を実践することが大切かを感じるようになりました。ですから、私の指導はかなりの時間を基礎基本の習得に割いていたと思います。

高校剣道の試合会場では、いわゆる試合の上手な学校はいくつもありましたが、それを見たときに「上手い」と思うことはあっても、そういった剣道を自分の教え子に指導したいとはあまり思いませんでした。これは現在の私の指導論にもつながるところです。

私が今確信を持っているのは、「正しい剣道を実践すれば強くなれる」ということです。正しい剣道では勝てないということをいう人がいますが、それは正しい剣道が実践できていないからだと思います。正しい剣道は美しく、美しい剣道は強い。機会や技の選択が間違っていたり、打たれまいと思って身体が崩れてしまうと、美しい剣道にはなりません。ということは、反対に身体が崩れず、正しい機会に正しい技を出すことができれば、それは美しくてさらに強いということです。私は今、そんな剣道を追求しています。もっというならば、年齢とともにスピードも低下していきますし、筋力も落ちていくでしょう。そんなときに正しい剣道が身についていれば、それは自ずと強さとなってかたちに現われてくるだろうと思います。私がこんな考えに至ったのは、八段を目指して修業に励むようになったころからでした。

剣道が正しくなったと実感できるような元立ちでありたい

私は30代前半のころから、大阪体育大学の寒稽古に通っています。それは、私の剣道観を導いてくれたといっても過言ではない、作道正夫先生（範士八段）に稽古をつけてもらいたいからでした。

作道先生とはじめてお会いしたのは、大学生のころでした。たまに稽古に顔を出されては、台風のように去って行く。学生たちも、作道先生が稽古にこられると聞いたときには、いつもと違う雰囲気になりました。

若き日の私が作道先生を見て感じたのが、前述したような正しく、美しく、そして強い剣道です。作道先生と私は10歳ほどの年齢差なのですが、どうやったらあんな剣道が実践できるのだろうと、ただただ尊敬の眼差しで見つめていました。

大阪体育大学の寒稽古も、筑波大学の春合宿と同じくとても厳しいものでした。切り返し、掛かり稽古、地稽古、とにかくこの三つの稽古をひたすら繰り返します。私は学生たちと一緒に稽古に励み、最低でも一日一本は作道先生に稽古をお願いするようにしていました。作道先生は、稽古後にいろいろと課題を与えてくださいます。その課題を持ち帰り、日々の稽古で悩みながら解消していく。その繰り返しが八段合格につながっていったと感じています。

私にとって、八段合格は一つの目標ではありましたが、それが剣道を続ける目的というわけではありませんでした。正しさや美しさが強さにつながるということを信じて、そこを求めていくなかでの過程に、八段合格があったのだと思います。平成30年5月に範士をいただくことができましたが、今はさらに気を引き締めて稽古をしていかなければと感じています。作道先生と稽古をすると、自分の剣道が浄化されるような気持ちになります。私もそのような元立ちができるようになりたいと思いますし、それはこれから一生をかけて、深めていく部分なのかなと思っています。

今、私がさらに自身を向上させる術として、稽古で心がけているのが「理合」と「合気」です。理に適った剣道を実践するためには、相手と合気になることが必須になります。私が元立ちに立った場合でも、合気を心がけて好機が見えれば打っていく。ただ受けるだけの元立ちにはなってはいけないと自身を戒めています。理想をいうならば、私に掛かる前と掛かった後では掛かった後の方が、剣道が正しくなったと相手に実感させられる、そのためには私自身が理に適った剣道を示していく必要があると思います。

最近、「谷先生は範士になったのだから、本当の剣道を子供たちに伝えてほしい」といわれたことがありました。本当の剣道とは何なのか、私のなかでも答えは出ていませんが、今できることは、繰り返しになりますが、理合に適った美しい剣道を求めていくことだと思っています。その姿を見て、私が佐藤成明先生や作道正夫先生から感じたような剣道の本質的な部分を、剣を交えた方々にも与えることができたらこれほどうれしいことはありませんし、それが範士としての役割なのかなと思います。

稽古での掛かり方を工夫することが正しい剣道を身につける術となる

まず稽古に臨む上で理解しておいていただきたいことは、基礎基本をどれだけ高い意識をもって行なうことができるかです。年齢を重ねていくと、基本稽古を行なう機会が減っていきます。しかし、剣道に必要な体力や筋力、持久力といったものは、やはり基礎基本を通して身についていくものだと思います。基礎基本を見直す意味はもちろんのこと、高いレベルで剣道を実践するための土台として、基本稽古はおそろかにすることなく機会を見て励行していただきたいと思います。

理に適った正しい剣道を身につけるための道筋として、さらに意識してもらいたいのは上手の先生への地稽古などでの掛かり方です。この掛かり方を工夫することができなければ、質の向上を求めることはなかなか難しいと思います。

上手の先生に掛かる場合は、ただ打つことばかりを考えるのではなく、退かないこと、受けないこと、そして捨てて打っていくことが重要です。手数の多少ではなく、機会や溜め、捨てといったところをより質の高い、純なものにしていく作業が必要になります。

元立ちも掛かり手と合気になり、同じように攻めや溜めなどを意識するとよい稽古になる

掛かり手は、退かないこと、受けないこと、捨てて打つことを意識して稽古に臨む

これらは本来、試合の場においても実践したいものですが、剣道は対人競技ですから、相手がどのような気持ちで試合に臨んでいるかは分かりません。もしお互い合気であれば、両者が高め合うことのできるよい試合になると思います。

攻めや、溜め、捨てといったものは、かたちに現れにくい部分でもあります。目に見えない部分をどうやって理解するかといえば、意識をもって上手の先生に掛かることで、自分で感じることもありますし、先生から指導をいただくこともあると思います。私はよく「やじろべえ」に例えて懸待一致について話をするのですが、機会がピタッと収まるところというのは、理屈では説明がつきません。何度も先生に掛かるなかで、自分でつかみとるしかないと思います。

上手の先生との稽古でそれらの感覚を得ることができたら、次は下手の者に対しても同じことが実行できるか、試してみることが大切です。このようにしてどんな相手に対しても工夫を怠らずに稽古をしていけば、正しい剣道が自然と身体に染みついていくはずです。

左拳を動かすのは打つときのみ。いかに竹刀が振れるかを意識して構える

構えは左拳の位置が重要。谷範士は通常よりも少し左拳を前に出して構えている

谷範士の竹刀の柄は通常のものよりも少し短い。短い柄を使用することで構えが整い、竹刀がしっかりと振れるようになった

正しい剣道を実践するための土台となるのが構えです。構えが正しくなければ相手の動きに対して臨機応変な対応ができなくなりますし、なにより攻めや打突に支障が出てくると思います。

私が構えでとくに気をつけているのは、左拳の位置です。構えの基本はへそより拳一つ分ほど前に左拳を置くとされていますが、私は一つ半か二つ分ほど前にして構えるようにしています。ただし、この構えの場合には、柄が長くてはいけません。私の竹刀は通常よりも短い柄を使用しています。これは、柄が長いとどうしても右手主導の振りになってしまうからです。

柄を短くしたのは、30代の終わりごろだったと思います。八段審査を意識したときに、よくいわれていたのが「剣先が振れていないと審査には受からない」ということでした。竹刀を正しく振るためには、左拳が中心に収まっている必要があります。絶対に左拳を動かさないと決めたときから、竹刀が振れるようになった実感がありましたし、相手の攻めに対しても体勢を崩さずにさばくことができるようになりました。左拳を動かすのは打つときのみ、私はそう意識して稽古に取り組んでいます。

竹刀を振るときは、構えの充実を崩さずに、肩、肘、手首を連動させて無理なく振り下ろす

基本稽古は肩を柔らかくできるだけ大きな技で正しく打つ

基礎基本を身につけることの大切さはお話ししましたが、普段の稽古で気をつけておくべきポイントとして、できるだけ大きな技で正しく打つことはとても重要です。とくに高段位ともなれば、早く打つことや手数を出すよりも、まずは正しさを求めることを第一義とすべきだと思います。

切り返しを例にとった場合、私がつねに心がけているのは肩関節を柔らかく使って、大きな技で打っていくことです。基本稽古は修業の度合によって目的も変わってくる部分がありますが、年齢を重ねれば重ねるほど、早さを求めるよりも正しさを求めていくべきだと感じています。

左右面一つをとっても、一本一本を基本どおりに打つことができているかどうか。これができないままにただ早く打とうとしても、切り返しの効果を充分に得ることはできません。刃筋や呼吸法も同時に意識し、どの年齢になっても基本に立ち返って正しい剣道を追求してもらいたいと思います。

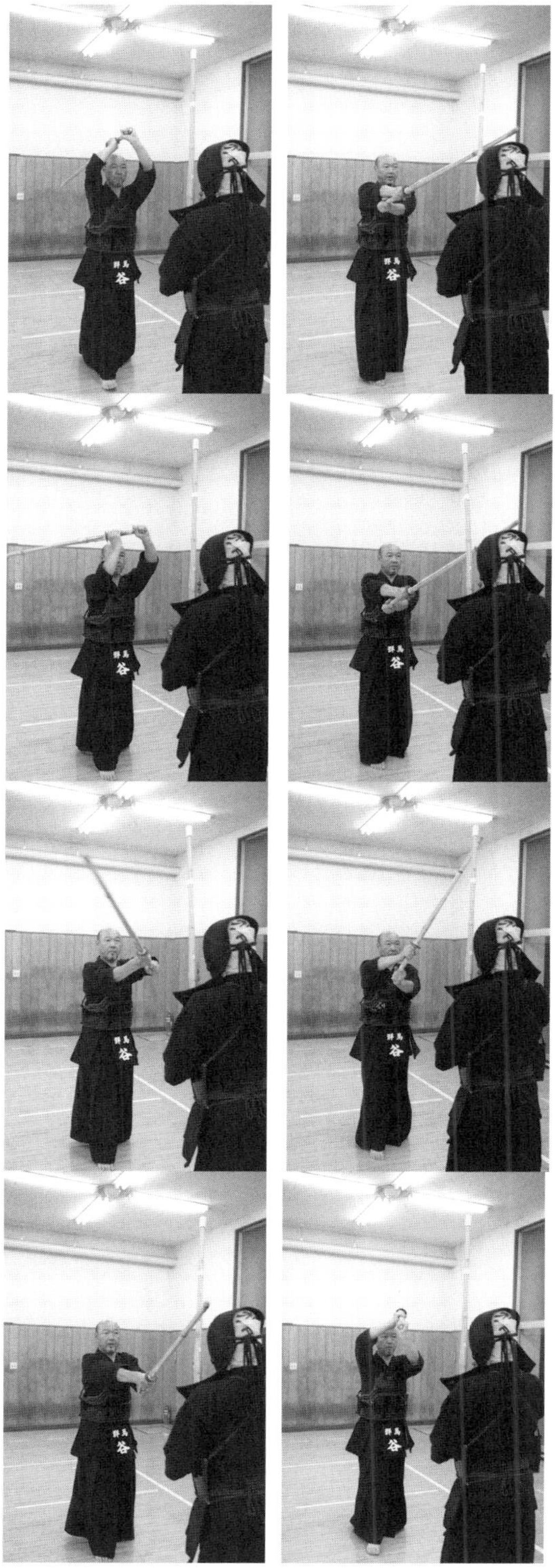

切り返しは刃筋と呼吸法を意識しながら、肩を柔らかく使って大きな技で行なうことを心がける

高段者への道

打たせない相手をいかに基礎基本に忠実に打つか

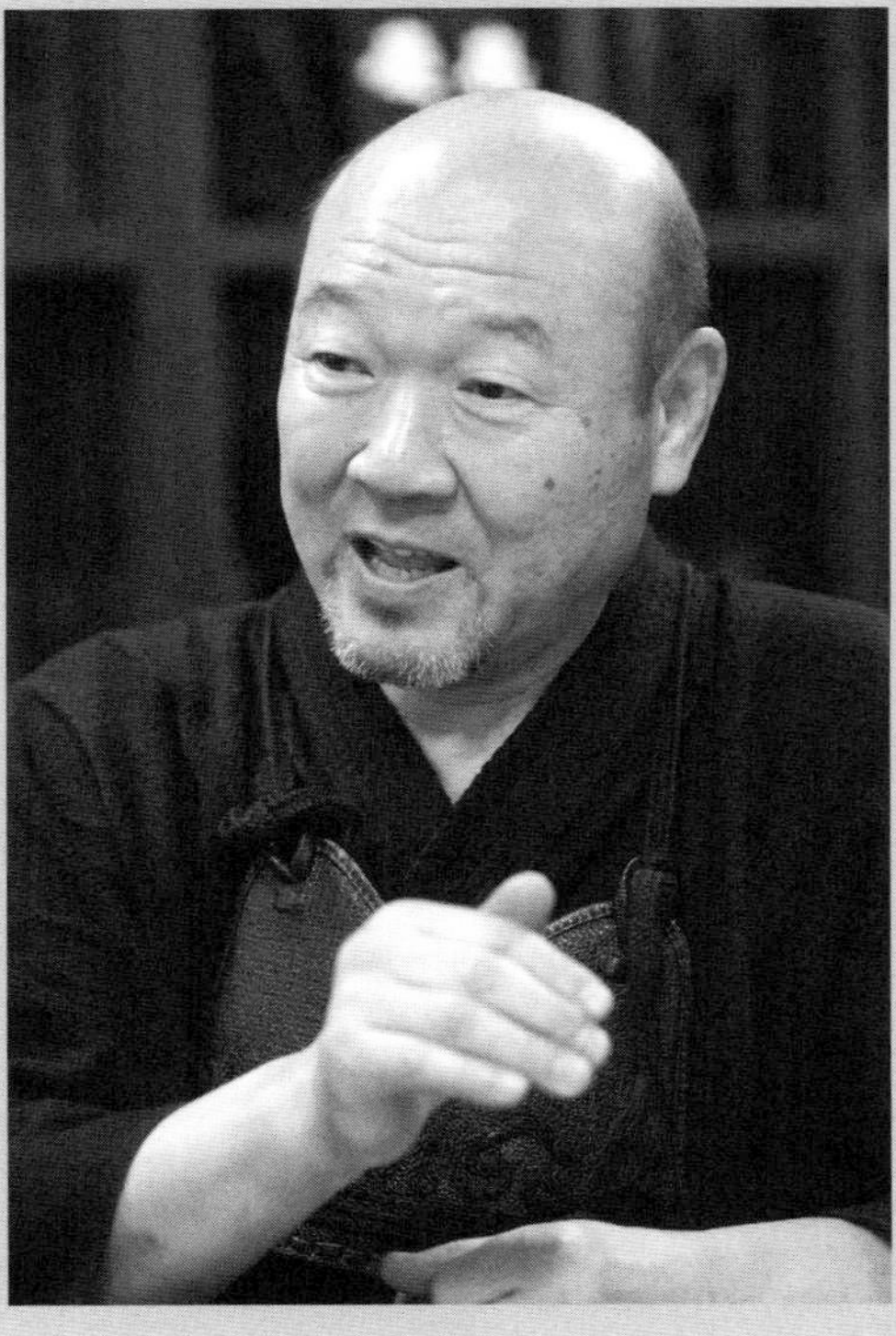

高段者に必要なのは剣の〝理法〟を理解すること

私が高段者の剣道とはどういうものかを考えていく上で、一番大事にしているのは剣の〝理法〟です。剣道の理念である「剣道は剣の理法の修錬による人間形成の道である」という文言にもあるとおり、剣道を学ぶ過程において〝理法〟を忘れてしまうと、どれだけ稽古を積み重ねても間違った方向へと進んだり、遠回りしてしまうということがあると思います。

では、その〝理法〟とは一体何なのか、ということになりますが、これは竹刀（刀）の扱い方である「刀法」、身体の扱い方である「身法（体法）」、そして心の扱い方である「心法」が合わさったものだと考えています。これらを修業の過程で修めていくうちに、いわゆる理法に適った剣道、高段者の剣道が身についていくのではないでしょうか。

少し難しく話をしてしまいましたが、たとえば切り返しや素振り一つとってみても、基本には高段者の剣道に通じる要素が多分に含まれています。しかし、その要素をないがしろにすると、自己流になり、どんどんと正しい剣道から外れていってしまうというわけです。ですから、とくに六段以上の高段位を求める方々は、本当に基礎基本を理解し徹底できているか、自身を省みることからはじめてみるとよいかと思います。

私は平成30年11月より歴史と伝統ある慶應義塾大学の師範を務

めさせていただくことになりました。そこで学生たちによくいうのも、こういった基礎基本の重要性です。学生たちは、ともすると自分よりも強い相手に勝つためには自分を崩すことで相手を崩そうとする傾向もあるようです。しかし、相手が強ければ強いほど、自分を崩して相手の崩れを誘ってもうまくはいきません。打たれないように、もしくは打たせないようにして打つ稽古をしていると、どうしても当てっこに終始することになります。そうではなくて、自分を崩さずに機を見て捨てきった技を出していく。これが剣道の本筋であり、この剣道を実践していくためには、やはり基礎基本の習得が大切になるのです。

学生たちにはより正しい剣道を理解し実践できるようになってもらい、そしてその剣道が実は強くなるための近道であるということを理解してもらいたい。そういったことを心がけて稽古で学生たちと剣を交えるようにしています。

段位合格とは今までの段位での修業が認められた証

昇段審査について気づいたことをお話しさせていただくと、過去の六段審査会において審査員を務めさせていただいたときに気づいたのは、審査を受ける際の心構えについてです。剣道着・袴や剣道具の着装、竹刀の手入れなど、事前に準備しておかなければならないことができていない受審者が多く、非常にもったいない気持ちになりました。

段位審査に臨むにあたっては、きちんとした着装は最低限の必須項目。袴が前下がりになっているか、背中が膨らんでいないか、竹刀の中結が適正な場所にあるかなどはつねに確認しておく

基礎基本に忠実な打突を表現することを求めて稽古に取り組む

立合においては、私が見ているのはまずお互いの〝位〟です。この受審者は受審段位にふさわしい気位で相手と対しているかどうか、そしてそこから正しく技が出ているかどうか。いつどこで技を出すのだろうかというような、審査員の気持ちを引き込むような位攻めができていると、当然評価も高いものになると思います。

そして攻め合いのなかでは、やはり「攻め」「溜め」「機会」「捨て」の四つに自然と意識が向きます。これらが一連の流れで無理なく表現できていれば、相手よりも〝位〟が高いということにもなるかと思います。ただし、〝位〟というものは一朝一夕に身につくものではありません。審査の場だけ取り繕って〝位〟を表現しようとしても、審査員にはすぐ分かります。ですから、日ごろから先ほどいった四つのポイントを意識して稽古に臨むことがとても大事になります。

私が稽古会などでよくお話しさせていただくのは、段位合格とは決してその段位の力が身についたということではない、ということです。たとえば六段に受かった場合、普通の人は六段の力を備えたから合格したのだと考えるでしょう。私はそうではなくて、五段の修業が終わったから、これから六段の修業をはじめてよいという証として合格させていただいた、そう考えるようにしています。なぜ自分は合格できないのかを考えたときに、上を見るのではなく、今までの自分の段位で重ねてきた修業を振り返る作業はとても重要であり、そこに合格のヒントが隠れていることは多々あります。

よく「六段合格のためにどのような稽古を心がければよいですか」「七段になったらどのような稽古をしていけばよいですか」と聞かれることがあります。私の考えでは、六段も七段も、もっといってしまえば八段に関しても、稽古の方法については大きな違いはないと思っています。もし違いがあるとすれば、それは六段よりも七段、七段よりも八段の方が基礎基本や〝理法〟をより深く正確に理解し、そして確実にできているということです。

繰り返しになりますが、稽古に臨むに当たって大事になるのは「自分は何ができていないのか」「自分に足りないところはどこなのか」を理解することです。この〝自己理解〟を疎かにすると、段位合格を目標とした場合に、少し遠回りをしてしまうことになるかと思います。

自分自身を理解するためには、日々の稽古において反省を繰り返すことが大切になります。しかし、自分の剣道を客観視するのはなかなか難しいことでもあります。そんなときに、やはり師匠といえるような上手の先生の存在というのは大きな支えとなります。

高名な先生に稽古を頂戴して、稽古後にアドバイスをいただく。先生方も単発の稽古では掛かり手がどのような稽古でどのように上達したか知識がありませんから、できれば継続して稽古をお願いしていくことで、自分では分からない足りない部分を指摘していただけるはずです。そのアドバイスを心に留めながら稽古を積み重ねていけば、必ず審査合格に近づいていくと思います。

剣道の修業は余分なものを削ぎ落とす作業

高段位を目指す方々には、どうやって相手を基礎基本に忠実に打つかを考えて稽古に臨んでいただきたいと思います。もちろん相手も同じことを考えていますから、基本どおりの打突を決めることは大変に難しいことです。しかし、それができるようになれば、前述したような攻めや溜め、機会、捨てといったポイントが理解できている証拠にもなります。

昇段審査に話を戻すと、よく審査で小手を打つのはダメだといわれますが、そんなことはありません。機会をとらえて正しく打っていれば、小手だからダメだということは決してないと思います。小手技はどうしても当てにはしったり、身体が逃げてしまいがちです。そういった小手がダメなのであって、基本に忠実な技であれば必ず評価されるはずです。

いかに基礎基本が正しく身について、短い時間のなかで理屈どおり、理合どおりに技となって表現されているかどうか。この過程が高段位になるにつれて、高いレベルで求められていく、これが段位審査の本質だと思います。八段審査において技がシンプルに見えるのは、余分なものを削ぎ落として行った末の攻防であり打突であるからです。

私からもう一つ、稽古の指針としてアドバイスできることは、目標とする剣道を実践されている先生をイメージ化するということです。昔の言葉でいえば〝見て盗む〟ということになるかと思います。八段の先生方は、みな素晴らしい独特の剣風をお持ちです。稽古を見る、実際に稽古をお願いする、そのなかで素晴らしいと感じた部分があれば、積極的に真似ていくことが大切であると思います。私は目標とする先生に教えていただき、その姿を自分のなかにイメージ化するために、母校や大阪に機会をつくり稽古に出かけました。そういった見習いたいと思う先生を持つためにも、自分から防具を担いで稽古をお願いしに行くことは、とても大事な修業だと感じています。

振りかぶりで振り幅をつくるのではなく振り下ろしで振り幅をつくり出す

左手中心に竹刀を振りかぶり、振り下ろしで剣先に振り幅をつくり出していく（右列）。右手中心の振りかぶりは振り幅は生まれるが、同時に面や小手に隙ができてしまう（左列）。

剣道で打突に出るということは、打たれるリスクを背負うことと同義です。リスクを背負わずに打とうとしても相手は崩れてくれません。打突には必ずリスクがつきまとうことを理解し、そのなかでも機を見て捨てきった技が出せるようになれば、段位審査の場においても高い評価が得られるようになると思います。

ただし、リスクを最小限にする作業は大切です。その方法として私が意識しているのは「振り下ろしで振り幅をつくる」ということです。高段位の受審者のなかでも多々見受けられるのが、右手主導の振りかぶりです。剣道では竹刀を振りかぶるという動作は必須ですが、ただ漠然と大きく振りかぶっては相手に打突の好機を与えてしまうことにもなります。

右手主導で大きく振りかぶろうとすれば、たしかに剣先の振り幅は大きくなりますが、振りかぶったときに面や小手に隙が生まれます。私は左手を中心に振りかぶり、肘・手首を柔らかくつかい、振り下ろしで剣先の振り幅をつくることを意識しています。そうすることで、打たれるリスクを最小限に抑えながら、なおかつしっかりとした振り幅で冴えのある打突を実践することが可能になります。

自分を崩すことなく僅かな竹刀操作で自分に有利で強い状態をつくり出す

「攻め」「溜め」「機会」「捨て」と四つある打突の流れのなかで、攻めにおいて言及するならばまず自分を崩さないこと、そして攻め合いでは必ず自分が有利で強い状態を維持しておくことが大切です。私がそのために心がけているのは、左拳を内側にやや絞り込みながら竹刀の身幅分だけ竹刀を平行移動させて、つねに相手の中心をとる意識です。

攻め合いのなかで竹刀を竹刀の身幅分だけ左に平行移動させ、相手の中心をとる。このまま攻め入っていけば、相手の剣先は自然と中心から外れていく

相手の竹刀にかぶせるようにして制そうとすると、打突に移行するときに必ず右手を戻す動作が必要になり、打突の好機をとらえることが難しくなる

よく「竹刀はまっすぐ構えなさい」と指導されることがあると思いますが、左拳の親指付け根関節をへそ前に置いて実際に構えてみると、剣先はわずかに相手の左目方向へと向くはずです。あまりまっすぐに構えることを意識しすぎると自然体で構えることができません。

剣先を相手の左目につけ、左拳をわずかに内側に絞り込みこれを僅かに左へと平行移動させることで、剣先が相手の中心線にきます。攻め合いではこの状態を維持することを意識しておくと、相手がどんな出方をしてきた場合にも素早く対処できるようになります。

一番よくないのは、右手をかぶせるようにして相手を制そうとする方法です。これだと相手は打突できないかもしれませんが、自分も打突しようとしたときに一度右手を戻す動作が必要になります。自分を崩さずに中心をとる、これがとくに高段位の攻めでは大切になります。

基礎基本に忠実な打突を求める

出ばな技というのは、剣道のなかでもっとも評価される技だといわれます。そのゆえんは、打たれるリスクがある場面でなおかつその先を行って、相手に打ち勝っているからだと思います。稽古においても試合においても、さらにいえば審査の場面においても、相手が簡単に打たせてくれることなどありません。そのギリギリのやりとりのなかでリスクを背負いながら覚悟を決めて捨てきる。しかも打ち切れたということは攻め合いにおいても相手に勝っていたことになるわけですから、やはり価値があります。

出ばな技は打つか打たれるかの勝負です。そこで自分が相手よりよい状態で打突できる確率を上げていく作業は、そのまま高段位に求められる剣道へとつながっていくと思います。

高段者として真に求めていきたいのは、自身を崩さずに、基礎基本に忠実な打突（「捨て」）で相手を打つことです。これには打突までの過程で確実に相手よりよい状態を維持することが必須になります。相手に勝つためには、そのための「攻め」「溜め」「機会」が重要であり、そこが身についてくれば自然と、自身を崩すことなく相手を打つことができるようになるはずです。

出ばな面　打たれるリスクがあるなかで打ち勝つ出ばな面には、ほかの技にはない価値がある。出ばなをとらえる確率を上げていく作業は、高段位に求められる剣道を身につけることへと直結する

出ばな小手　出ばな小手は自身を崩して打ったり当てにいくと評価されにくい。「攻め」や「溜め」、「機会」などを駆使して自身を崩さず相手をとらえることを心がける

崩さずに打つ

崩れを最小限におさえ
会心の一本を打つ4つのポイント

姿勢を崩さずに打つということは理想ではありますが、現実的に考えるとそれは不可能だと思います。何故なら、そもそも打つという行為自体が姿勢を崩さなければできないからです。

そのように考えると気持ちも楽になるのではないでしょうか。愛好者の皆さんは崩さないで打とうと考えるあまり、構えから固くなってしまう傾向があります。構えが固ければ当然、打突も固くなってしまうのでうまくいきません。

竹刀を振るという行為は、中段の構えを崩して行なうものです。どんな名人でも動作の隙が必ず生まれるのはそのためです。よって第一に、しっかりとした中段の構えを作ることは当然ですが、その構えをもって、いかに崩れを最小限にして打つかということが、この「姿勢を崩さずに打つ」というテーマのポイントになります。

では、いかに崩れを最小限にするかということを考えると、剣道の技において一番崩れが小さい技は突きです。突きと同じように面、小手が出せればよいのでしょうが、竹刀を振らなければこれらの技は出せません。昔は刺し面、刺し小手というような技がありましたが、やはり審査などではあまりよい評価を得られないことは周知のとおりです。よって、大切なのは構えた状態から、崩れを最小限にして竹刀を振るということなのです。

では、いかにして崩れを最小限にして竹刀を振るかということですが、私の場合、構えたかたちを崩さず、左肘を意識しながら肩を使って振り上げ、振り下ろすときに肘や手首の関節を柔らかく使って打つようにしています。

振り下ろすときに振り幅を加えることで、小さく鋭い打突にするようにしています。大きく振りかぶったり、振りかぶる時間が長いということも崩れている状態の一つですから、最小限に振り上げ、コンパクトに振り下ろすことを心がけています。

構え　耳・左肩・左腰・左足を一直線で結ぶ

剣道において、一番重要視しているのが中段の構えです。攻めてよし、守ってよしの中段の構えが崩れていては剣道にはなりません。ですから、私は構えから崩れを最小限に抑えての打突、そして中段の構えに戻る一連の動作をスムーズに行なうためにも、力みのない構えをつくることが大切と考えています。それが一片の隙のない構えだと考えています。

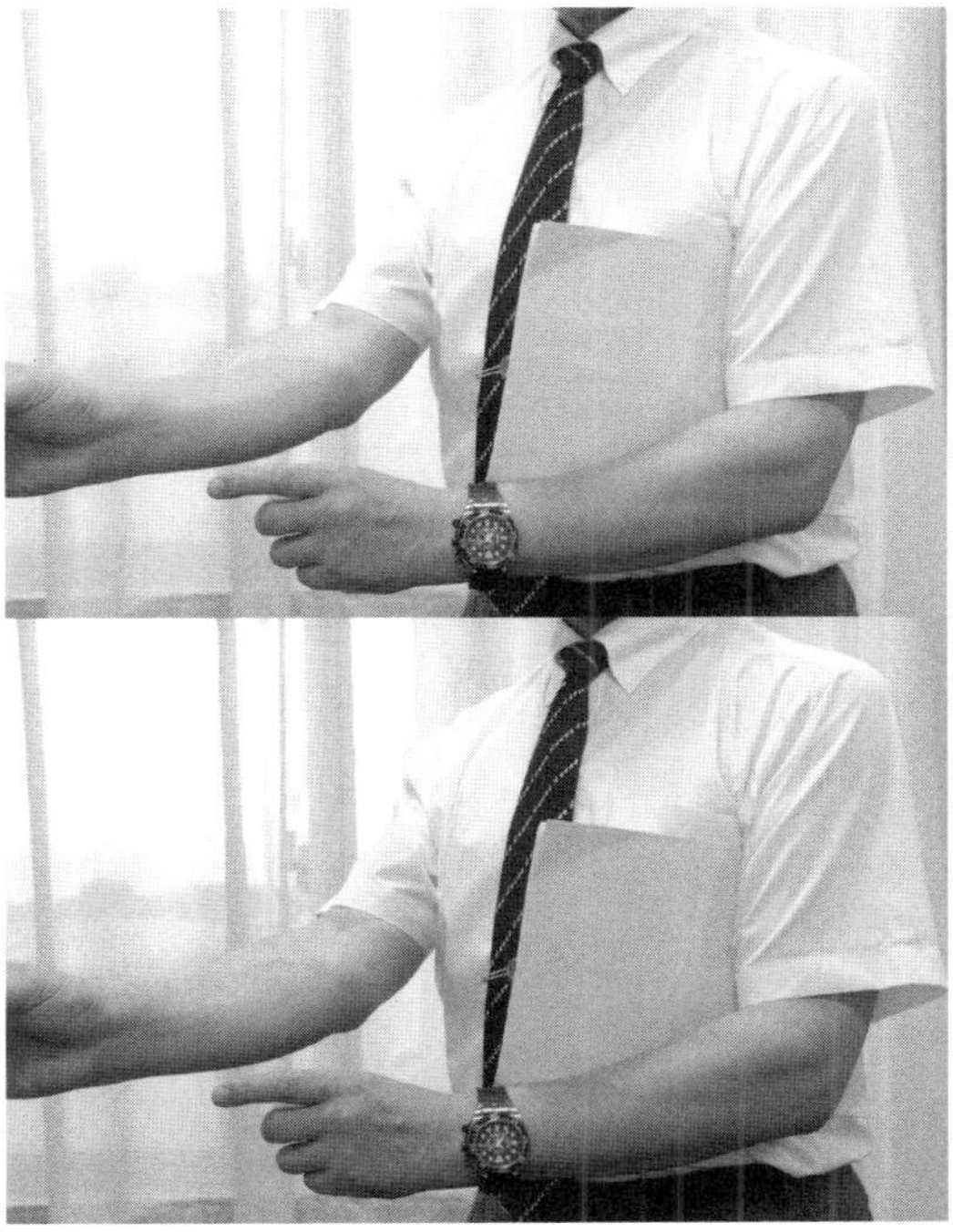

左脇に薄紙を挟む気持ちで構えると、締まった構えになる。薄紙を挟むときは、脇で挟むのではなく、大胸筋を意識して挟むようにする

耳・左肩・左腰・左足を一直線で結ぶ。このラインを意識すると姿勢の崩れを最小限におさえられる

よい中段の構えを作るときに意識しているのは、左拳、左脇を緩めないということです。特に左脇を緩めない程度に左脇に挟み、なおかつ抜けない程度の力を入れています。挟むときは、左脇に力を入れるのではなく、大胸筋に力を入れるようにしています。脇に力を入れてしまうと余分な力が入ってしまい、スムーズに竹刀を振ることができません。このとき、左腰も打つとき以外は動かさないように意識しています。

構えたときの足も重要で、上半身同様に構えたときの足の位置から崩さなければ打突できませんから、足構えも崩れを最小限にする必要があります。

体が大きく上下動すると崩れやすくなりますので、なるべく床と平行移動することを意識します。その足さばきができるような足の位置として、構えるときに耳の穴、左肩、左腰の中心、それから左足のつま先が一直線になるようにするとよいでしょう。横のラインをつくった後に、自分のヘソを相手の足元に向けるような気持ちで構えると、力みのない構えになります。

素振り

構えた両腕の形を維持して振り上げる

竹刀を振る動作を覚えるには素振りがもっとも効果的です。無駄なく振るには、単純ですが、合理的な振り方を素振りで反復して覚えるのが一番です。

振り上げるとき大事なのは、構えた状態の両腕の形を崩すことなく振り上げることです。振り上げた時点で左拳を前方に動かしてしまったり、肘を曲げたりしてはいけません。このような振り上げ方をすると、小手に大きな隙ができてしまいます。

昔の先生は、竹刀の振り上げの要領を「お猪口を右手に持ち、中の水をこぼさない程度に振り上げること」と表現していますが、いい得て妙だと思います。

そして振り下ろすときは、肘、手首を柔らかく使って振ることで、振り幅を作ります。この振り幅が打突の冴えをつくります。このような振り上げ、振り下ろしを意識して素振りをすることが大切です。日々、鏡の前などで確認しながら行なうことも効果的な方法です。

とくに稽古や試合など対人動作がともなうと、どうしても打ちたい、勝ちたいという気持ちが生じます。それが姿勢の崩れに直結しますので、まずは素振りで、崩れを最小限に振り上げ、大きく振り下ろすことを覚えます。

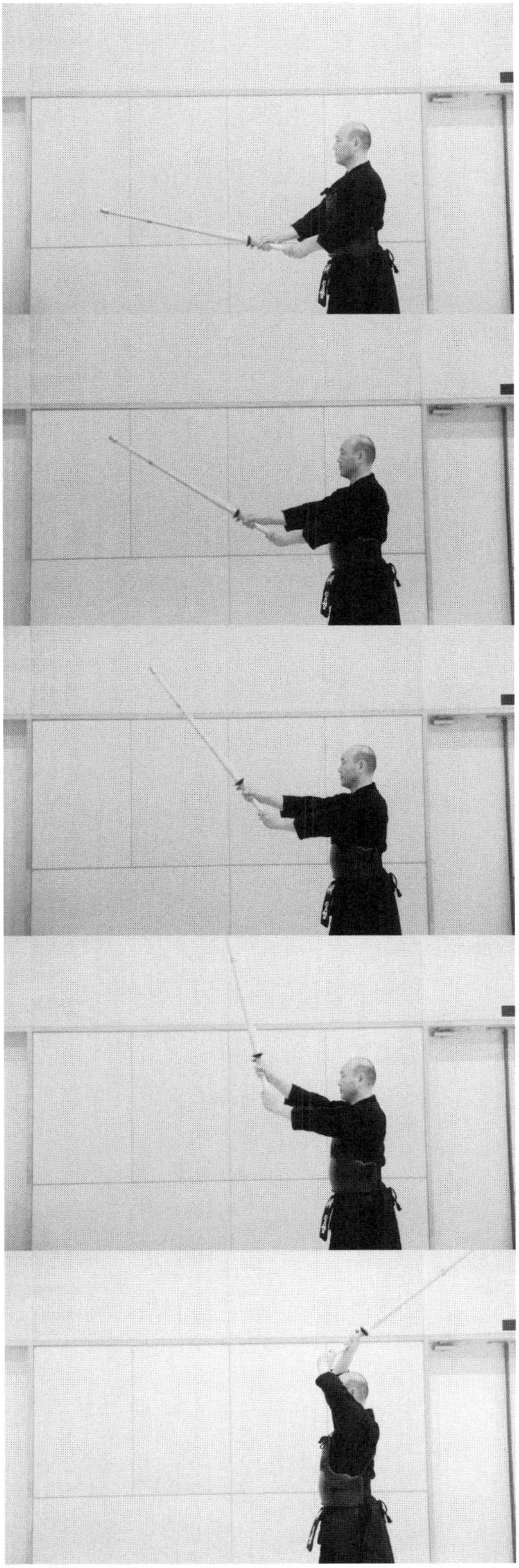

左手首を柔らかく使って振り下ろし、振り幅をつくる

攻め

物見の位置を変えないで平行移動する

攻め合う際、物見から見える相手の姿が常に変わらないようにする。上下動すると姿勢が崩れていることになる

相手を攻めるときも、最初の構えが大切なのはいうまでもありません。いかに構えた状態から相手を攻め崩すかがポイントになります。構えを崩さずに攻め入るということは、相手に起こりを悟られないということにもなり、なおかつ相手が出てきたときには応じたり、さばいたりすることが素早くできます。

構えを崩さずに攻め入る方法としてぜひとも身につけたいのが、体の平行移動です。体が上下動したり、前傾したりすると体が崩れてしまい、攻めが効かないだけでなく、相手に隙を与えてしま

平行移動で間合を詰める

うことになります。

体を平行移動させるときに意識することは、面金の物見から相手を直視するということです。相手と向き合い構えたとき、当然のことながら面金の物見から相手を見ます。この見えたときの状態を保持したまま足さばきをするようにします。相手の姿が面金の物見から上下に外れてしまっていると、それは体が上下に動いているという証拠です。したがって自分の体にあった面を選ぶこと、きちんとした装着を心掛けることも重要になります。構えたときから物見がずれてしまっていては、正しい姿勢にはなりません。

打突　できるだけ構えた状態を維持して打つ

よい打突とは、よい構えができてはじめてできるものだと考えています。剣道において一番重要になるのが中段の構えです。この構えのまま打突できることが理想ですが、それは難しく不可能に近いと思います。やはり竹刀は振らないと打てません。

崩れを最小限にして竹刀を振るためには、振り上げるときに構えた両腕の形を崩さないということです。そして、振り下ろすときに手首を柔らかく使って振り幅を作ります。

私が実践しているのは前述したとおり、左肘と肩に意識をおき

一歩攻めて面

小手すり上げ面

小さく振り上げ、大きく振り下ろすことですが、小さく振り上げるということは素振りと同様、中段の構えから極力崩さずに小さく振り上げることで、打突するギリギリまで構えた状態を維持します。そこまで崩さず我慢ができたら瞬時に柔らかく肘、手首を使い一気に打突します。振り上げるときに右手で引っ張り上げてしまうと、相手に小手を打たれてしまう要因となってしまいます。相手を打ちたい、勝ちたいといった気持ちが、焦りとなり両腕の形が崩れてしまう結果となります。

すり上げたり、応じたりする場合も同様に中段に構えた両腕の形を極力崩しません。特にすり上げ技は、右肘が構えたときより曲がってしまうと、打突時にまた肘を伸ばさなければなりません。これは時間のロスになり、結果としてすり上げたあとの技が遅れるということになってしまいます。何事にも、しっかりした構えから小さく振り上げ大きく振り下ろすことで、崩れを最小限にして冴えのある打突をします。

打ち切る

打突前・打突時・打突後 気剣体の作用を意識する

試合や審査では打ち切ることが重要であり、日々の稽古でも「技は中途半端に出さない。すべて一本にする覚悟で打ち切れ」と教えています。しかし、そこを意識しながら稽古をしても、なかなか納得のいく打突を出せないのが剣道の難しいところです。

私も出した技はすべて一本にするべく、稽古で心がけています。一本を打ち切るには気剣体の作用が重要であり、打つ前、打ったとき、打った後の三つの局面で、気剣体を有効に作用させることが打ち切った一本につながると考えています。

打突前は、常にいつでも打てるという状態で攻めていることが大切であり、それが充実した打突につながり、充実した打突には勢いがあるので、打突後は瞬時に打ち抜けることができ、結果として次の打突に備えることができます。この三つの局面で気剣体を充実させることが大切です。

第10回全日本選抜八段優勝大会準決勝、西川清紀選手に面を決める

気力の弛みは中途半端な攻め、打突に直結する

有効打突の条件は「充実した気勢、適正な姿勢をもって、竹刀の打突部で打突部位を刃筋正しく打突し、残心あるものとする」としていますが、第一項目を「充実した気勢」としているように、気は重要な項目です。

しかし、気は目にみえるものではなく、自分で充実していると思っても、見て確認をすることができません。掛け声も単に大きい声を出せばよいというものではないのは周知の通りです。

私は気力が充実している状態は、独楽が高速で回転しているような状態ではないかと考えています。高速で回転している独楽は一見、止まっているように見えます。しかし、他の独楽が近づくと瞬時に跳ね飛ばしてしまうくらい勢いがあるものです。

相手と構え合った際、このような気持ちで構え、いつでも打てるような状態をつくるようにします。また構えが正しくとれていないと、素速く正しい打突への移行ができませんので足の踏み方、腰の入れ方、竹刀の握り方などがおかしくなっていないかを確認するようにします。

また、打突時は発声とともに竹刀で打ち込みますが、腹から声を出し、余韻が内側に収束するような発声を心がけます。私はこれを閉鎖系の爆発と呼んでいますが、腹を引き締め、語尾が上がり、打突時に技が冴えるような発声を意識します。

剣道は、打突部位を当てにいくような打ち方を評価しません。打つか打たれるのかギリギリの局面で覚悟を決めて打つことが求められますが、まずは歯切れのよい発声で打突に勢いをつけることが大切です。発声で自分の気力を充実させることができれば、相手より優位に立つこともできます。

独楽が勢いよくまわっている状態をイメージし、気力を充実させて構える。正しく構え、いつでも打てる状態をつくる

必要最小限の竹刀の振りで力強い一本を打つ

左拳を床に向かって素早くつき落とすようにして振りかぶると、剣先に勢いがつく

突きを除いた面、小手、胴を打つには竹刀を振らなければなりません。剣道は初心者の段階では大きく、ゆっくり、正確に竹刀を振ることを求めますが、実戦では小さく、早く、鋭く振ることが求められます。

私は竹刀を振り上げるとき、構えた両腕の形を極力崩さないようにしています。そして振り下ろすときに肘、手首を柔らかく使って振り幅を広げるようにしています。こうすることで剣先に勢いのある、鞭のような打ちになります。

竹刀を小さく振り上げる際は、振り上げると同時に、左拳を斜

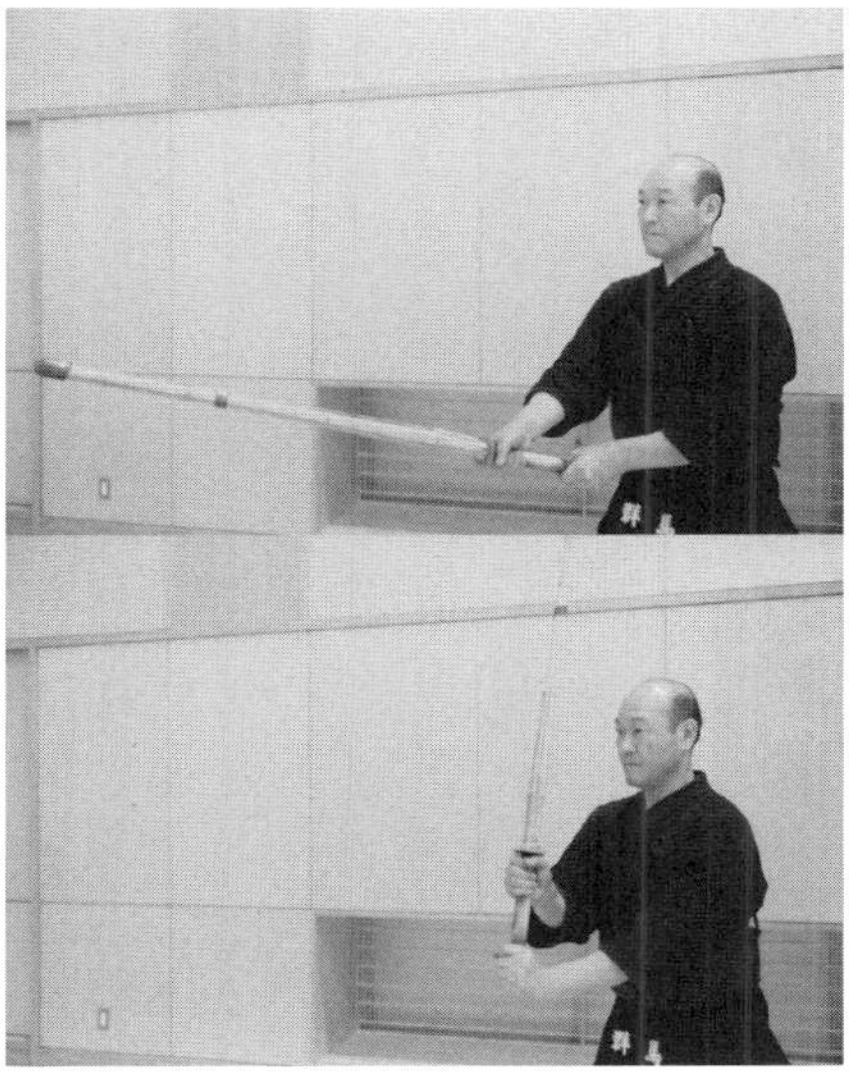

右肘を極端に曲げない

め下につき落とすように意識しています。左拳を床に向かってつき落とすようにすると、竹刀は右手が支点となり、剣先が自然と上がっていきます。そこから肘、手首の作用を使って打ちます。

竹刀を振り上げるとき、右肘を極端に曲げすぎると、一拍子の打ちになりません。竹刀が立ってしまい、相手に打突の機会を与えることにもなります。よって振り上げるときは、構えたときの右肘の状態を変えないよう肩を使って柔らかく振ることが大切です。

このような振り上げ、振り下ろしを意識して素振りをすると、剣先が走るようになります。鏡の前などで確認しながら行なうことも効果的な練習方法です。

腰の平行移動で間合を詰める。間合の詰まりすぎに注意

腰の移動で間合をつめる

間合を詰めるときは腰を上下左右になるべく動かさず、腰を床と平行移動させるようにします。打突時は腰を押し出すような気持ちで前方に重心を移動させ、その勢いで打突動作に移ります。また右足で打突の強さ、左足で打突の鋭さをつくるようにします。

技を打ち切るには安定した体さばき（足さばき）が重要です。しかし、一人稽古で前後左右の体さばきはできても相手と対峙した際は、一人稽古のようにはいきません。相手とのやりとりのなかで隙を見出さなければならず、反対に相手も仕かけてきます。「打たれたくない」と思えば上半身に力が入り、スムーズな体さばきができなくなります。

間合を詰め過ぎない

間合が詰まりすぎると、かえって竹刀を大きく振って打たなければならなくなる

間合が詰まっていくとどうしても余分な力が入ってしまうものですが、なるべく肩の力を抜き、下半身主導で間合を詰めるようにします。

また、打突は「打ち間」といわれる適正な距離から出すことが重要になります。特に小手打ちでは、間合が近くなり過ぎると振り幅を大きくして打たなければならず、結果として無駄な動きが多くなります。触刃の間合から交刃の間合で競り合い、崩すことが重要であり、日頃から自分の打ち間を知っておくことも大切です。

突きの軌道を意識して小さく鋭く面を打ち切る

面は手元から突きを攻めるような感覚で打つようにします。最初から面を打とうとすると竹刀の振りが大きくなりやすくなるので中心を攻め上げ、突きの軌道を意識しながら、小さく鋭く打つようにします。

実戦では相手の剣先が開けば突きも面も狙うことができます。相手は突きに来るのか、小手に来るのか、面に来るのかわからない状態で攻められるのがいちばん迷うはずであり、実際、私もそのような攻め方をされると迷いが生じます。

また構えた状態をなるべく崩さないようにして間合を詰め、機会と感じたところで躊躇なく打ち切るようにします。相手が居つけば跳び込み面、無理して出てくれば出ばな面など、相手の状況によって打ち分けます。

自分の剣先が相手の中心から外れれば外れるほど竹刀の軌道は大きくなります。よって、なるべく相手の中心を外さないように気をつけます。

昨今、面を打ったあと「バンザイ」をするように大きく手元を

諸手で突く

上げている場面を見かけますが、これは打ち抜ける動作としては戒めるべきです。打突後に、この姿勢で相手から体当たりなどの身体接触を受けると、転倒したり首や腰を痛める危険もあります。とくに中高生に多いので、指導者の一人として、是正したいと思っています。

突きの軌道で面を打つ

打突後は体当たりの覚悟。勢いのある小手を鋭く打つ

小手は四つの打突部位のなかでもっとも近い場所にあります。少し手を出せば届いてしまうので、どうしても劣勢になったり、追い込まれたりすると思わず打ちたくなる部位です。しかし、このような状況では一本にならないばかりか、相手に打突の機会を与えてしまうことになります。よって小手は面以上に気力を充実させて打つことが大切です。

相手に体当りをする勢いで小手を打ち、鋭さをつくる

　小手を打つときは、小さく鋭く打ち切るために、打ったあとは相手に体当たりをするような気持ちで左足を素早く引きつけるようにします。小手は打ったあと姿勢を崩しやすいので、姿勢の崩れを抑制するためにも、体当たりをするつもりで姿勢を整えると、次の動作への移行が容易になります。

　また、小手は相手の剣先や手元が上がったときが、打突の機会です。しかし、上がってから打つのでは遅れてしまいますので、上がろうとした瞬間を狙うようにします。

　なお、間合が詰まりすぎてしまうと、振りかぶりを大きくして打たなければならなくなりますので、間合取りも重要になります。まっすぐ最短距離で打てる間合を身体で覚えるようにし、身体の崩れを最小限に打つようにします。

出ばなを打つ

「攻める」「溜める」「捨てる」三つのプロセスで出ばなを打つ

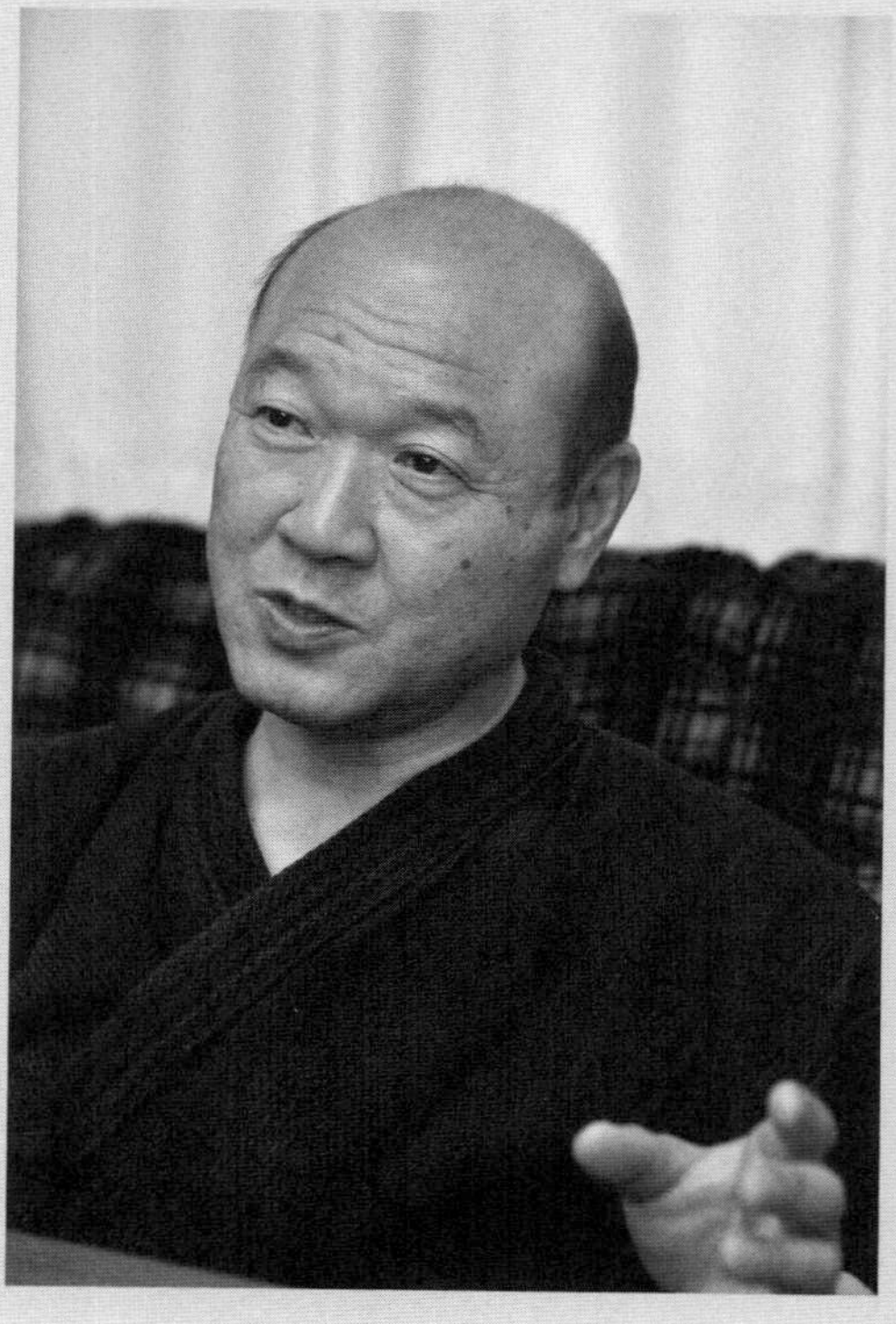

出ばな技を学ぶ上で一番理解しておかなければならないのは、読者のみなさんなら当然承知のこととは思いますが、出ばな技は「応じ技」ではないということです。この理解を間違うと、出ばな技を習得することは限りなく難しくなります。

少し噛み砕いて説明をするならば、出ばなを打つつもりで相手が打ってきたところに技を合わせると、ほとんどの場合、相手の技の方が先に決まります。相手の方が先に技を仕掛けているわけですから、ある意味当然といえるかもしれません。これは出ばな面、出ばな小手と技の種類に限らず同じです。

出ばな技の本質は「仕かけ技」です。先をかけて攻めることによって、相手は何らかの反応を示します。攻め返してくるのか、はたまた打突を繰り出してくるのか。いずれにせよ、このように攻めで相手の気持ちや動作の起こりをうながすことによって、出ばな技の機会は生まれます。

攻める、溜める、そして捨てる

どうすれば出ばな技が身につくのか。一番は稽古において攻める練習をすることだと思います。たとえば技の稽古においても、ただ面や小手を打つのではなく、一つ攻めを入れる。そうすることで、攻めによって相手を動かすことが自然と身につきます。これが出ばな技にはとても大事になります。

そして、攻める練習に加えてもう一つ考えたいのが「機会」です。地稽古では、上手の先生や先輩にかかることが多くあると思います。そのとき、自分が〝ここだ！〟と感じる機会があったら思い切って打つこと。若いときは、その技を返されたり押さえられたりするわけですが、それも稽古の一つです。私の場合は上手の先生から「まだ早い」「もっと溜めなさい」という言葉をよくいただきました。反対に溜め過ぎていると「遅い」「攻めないとダメだ！」といわれる。一見矛盾しているようですが、このような状況で稽古をしていると、いわゆる打突の好機が訪れたときに、身体が勝手に反応する瞬間があります。これが本当の機会なのです。

昨今は稽古において、打ちたい、打たれたくないを優先している人をよく見かけますが、それでは試合はうまくなるかもしれませんが、剣道の質の向上は見込めません。上手く打ってやろうとか、来たところを返してやろう、ではなく、覚悟を決めて捨てる稽古を心がける。「打たれて覚える」とはよくいいますが、私はそれをずっとやってきました。「打たれるかもしれないけれど、ここまで稽古をしてきたのだから、機会を感じたら思い切って捨てていこう」。試合のなかでこの気持ちになれたときこそ、自分の納得できる出ばな技を打つことができると思います。

攻めて崩す、溜めてとらえる
最後は腹をくくって捨てる

「攻める」「溜める」「捨てる」の3項目について、もう少し詳しく説明しておきたいと思います。

まず「攻める」ですが、攻めにはかたちに表われるものと、表われない攻めがあります。相手の竹刀を押さえたり払ったりするのがかたちに表われる攻めで、いわゆる気当たりなどがかたちに表われない攻めです。出ばな技に関しては、どちらの攻めもとても大事になります。攻めによって相手の気持ちを動揺させ、心や動作の起こりを引き出す。これが出ばなを打つためには必須です。

続いて「溜める」ですが、まず「溜め」とはなにかというと、私は「攻めとは相手を崩すこと、溜めとは機会をとらえること」と考えています。出てくるかもしれない、居着くかもしれない、避けるかもしれない、退がるかもしれない。打突の機会にはさまざまなパターンがありますが、それらをとらえるのが「溜め」だと思います。攻めというのは相手を崩すために行なうものです。ただし、敵も然る者、簡単には崩れてくれません。そのとき、相手の前述したような機会がおとずれるまでグッと我慢する。相手が強くなればなるほど、機会をとらえるためにはこの溜めが重要になります。

溜めによって機会をとらえることができたら、あとは「捨てる」打突を心がけます。捨て切った打突は、いかに基本に忠実であるかが重要になります。打つまではしつこく粘っこく、機会がくるまで我慢をすることが大切ですが、打突そのものは素直であるべきだと私は考えています。強い選手ほど、簡単に一本をとっているように見えるのは、基本に忠実だからです。打たれないよ

第15回全日本選抜八段優勝大会１回戦。東良美選手との対戦で自身の剣道を貫き通せたことが、上位進出へとつながった

うに打つ、打たせないように打つなど打突を難しくしてしまうとよい剣道にはなりません。できる限りシンプルに、そのためには「攻め」と「溜め」のプロセスをしっかりと経て、相手を崩し機会をとらえる必要があります。

試合においては、捨て身で打突に出るのはとても勇気のいることです。捨て身の打突は打たれることと表裏一体です。打たれたくないという気持ちが少しでもあれば、捨て身の打突にはなりません。たとえば試合において、打たれないように打っていってたまたま勝ったとしても、勝ち上がっていけばもっと強い相手と戦うことになります。いずれは捨て身にならなければならない、それをどこでやるか、ということです。「腹を括る」というと簡単に聞こえますが、打たれるのを覚悟で打っていく。その結果負けたとしても、その経験は必ず次に生きてきます。捨て身の打突を重ねていかない限り、次の一歩を踏み出すことはできないと、私は考えています。

八段戦で3度目の決勝進出 自分らしい剣道を表現できるか

「出ばな」をテーマに過去の八段戦を振り返ってみると、私の得意とする出ばな面が出せずに負けた大会もありました。また、宮崎正裕選手との決勝戦（第15回大会）では「ここだ！」と機会を得て捨て身で面に出ましたが、一本とはならず敗れたこともありました。

宮崎選手との勝負どころは、宮崎選手が鋭く攻め入ってくるその瞬間だと考えていました。その出ばなを打つことができれば一本となるでしょうし、わずかでも遅れれば反対に打たれてしまう。出ばなというのは、わずかでも間違えれば相手に遣われてしまう技でもあります。それは覚悟の上で、乗るか反るかの勝負に出ることが、前述した「捨て身」ということになるのではないでしょうか。最後に一本を打たれたところは、宮崎選手の攻めが私を圧倒した瞬間でした。私も出ばなを合わせにいったのですが、間に合いませんでした。結果として宮崎選手が一枚上手であり、一本につながったわけですが、私としても自分の得意なところで勝負にいったわけですから、敗戦については納得しています。

出ばな技の話とは少し離れてしまうかもしれませんが、第15回の八段戦を戦う上で心がけていたのは、自分らしい剣道をどれだけ表現できるか、ということです。東良美選手との1回戦で、攻めの強い相手に対し、手元を崩さず我慢をして試合を展開することができた。このヤマを超えることができたのは、非常に大きかったと思います。

今でも、私が自身の課題として取り組んでいることの一つが、「左拳」と「足幅」です。どんなに攻められても、簡単に手元を上げて防御に入らないこと、そして、攻めようと思ったり打とうと思ったときに、足幅を広げないこと。この二つの課題をもって、第15回の八段戦に挑戦させてもらいました。そのときの試合映像を見てみると、まだまだ甘いところがあるなと反省しきりですが、八段戦は観客の方々も、選手それぞれの個性を観にきていると思っています。その意味で、自分らしい剣道は表現できたのではないかと感じています。

構えと攻め　左拳を中心から外さず、竹刀を平行移動させるように動かす

相手の出ばなを打つには、わずかな隙も逃してはなりません。そのためには、自分を崩さない攻めが必須となります。

まず構えについてですが、私は左拳を中心から外さないことを意識しています。とはいえ、打突の際は拳を上げなければなりません。ここで考えなければならないのは、なんのために拳を上げるか、ということです。いわゆる「三所隠し」のような、防御一辺倒になるために左拳を上げるのはよくありません。剣道は、体のさばきや竹刀のさばきなど、構えを崩さなくても相手の技を凌ぐことが可能です。これらをよく勉強し、できるかぎり左拳を中心から外さず、いつでも打突することのできる構えを維持してお

くことが、出ばなをとらえるためには大事になります。

攻めにおいては、私は若いころ、右手が強いとよく先生方から注意をいただいていました。攻め合いのなかで、右手をつかって相手の竹刀を制そうとすると、いざ打突に変化するときにまっすぐ振りかぶることができません。そうなると、一瞬の好機である出ばなをとらえることは難しくなります。

今、私が実践しているのは、左拳の手の内を絞り込むようにして、竹刀を竹刀の身幅分だけわずかに平行移動させることで、自分を崩さずに相手の中心をとる攻めです。この攻めなら、機会を得たときに素早く振りかぶり、相手の出ばなを打つことができます。

左拳が中心から外れると、いざ機会を得たときに打突へとスムーズな移行ができない。できる限り、左拳は中心に収めておく

左拳の手の内を絞り込むように、竹刀を身幅分だけ左に平行移動させる。こうすることで、自分を崩すことなく相手の中心を制することができる

出ばな面　中心を取りきり、攻め返しや出てくるところを狙う

前述のように自分を崩さず相手を崩すイメージで攻め入ったとき、相手はだいたい三種類の反応を示します。一つ目は下がる居着く、二つ目は攻め返す、そして三つ目は出てくる、です。このなかで出ばな面が狙えるパターンは、攻め返してくるときと出てくるときです。

ここで一つ、心しておかなければならないのは、相手はこちらの思いどおりに動かないということです。試合であれば、攻め合いのなかで相手がどのような動きをするかを読む、これが大切です。とくに普段一緒に稽古をしている相手でなければ、慎重に相手を探る必要があります。簡単には勝負にいけません。

こちらの攻めに対して攻め返してくる相手に対しては、中心をとり返そうと竹刀をもどしてきた瞬間を狙って面を打ちます。

こちらの攻めに対して出てくる相手というのは、お互いに出ばな面を狙っている状況だと思います。この場合、攻めの段階で自分が中心を取っているわけですから、その体勢が崩れていない限り負けることはありません。基本に忠実に、まっすぐ切り落としていくようなイメージで面を打っていきます。

攻め返してくるところを打つ
こちらの攻めに対し、中心を取り返そうと攻め返してきたところで、すかさず竹刀を振り上げて面を打つ

出てくるところを打つ
こちらの攻めに対し、同じく出ばなを打とうと出てくる相手に対しては、そのまま切り落としていくようなイメージで面を打つ。攻めの段階で相手に勝っていることが必須となる

出ばな小手

下を攻めて面を意識させ、手元が浮いたところを狙う

出ばな小手を打つためには、相手の剣先や手元を浮かせなければなりません。そのためには、下を攻めて面を意識させることが非常に有効だと思います。

攻めの方法は、構え合ったところから手元から突きを攻めるようにして剣先を下げつつ攻め込みます。この攻めをされると、相手は面に隙ができたと感じて出てくるか、もしくは突きや面を警戒して手元を上げます。その瞬間を狙って小手を打ちこんでいきます。

出ばな小手は、はじめから出ばな小手を打とうと思って攻めていると、なかなか決まらないものです。その理由の一つとしては、小手技は体勢が崩れやすく、相手に小手を狙っていると悟られてしまうからです。これはどの技にもいえることですが、攻め合いをしている状況下においては、こちらがどの技を狙っているのかを知られないことが肝要です。腰から動き出す意識を持っていれば、ぎりぎりまで相手に技を悟られずに打突することが可能になります。

別角度から

構え合ったところから、スッと剣先を下げて攻め入る。この攻めにより、相手が面を打とうと出てくるので、その手元の浮きを狙う

素振りの要諦

目的を明確に、相手を想定して刃筋と手の内の習得に努める

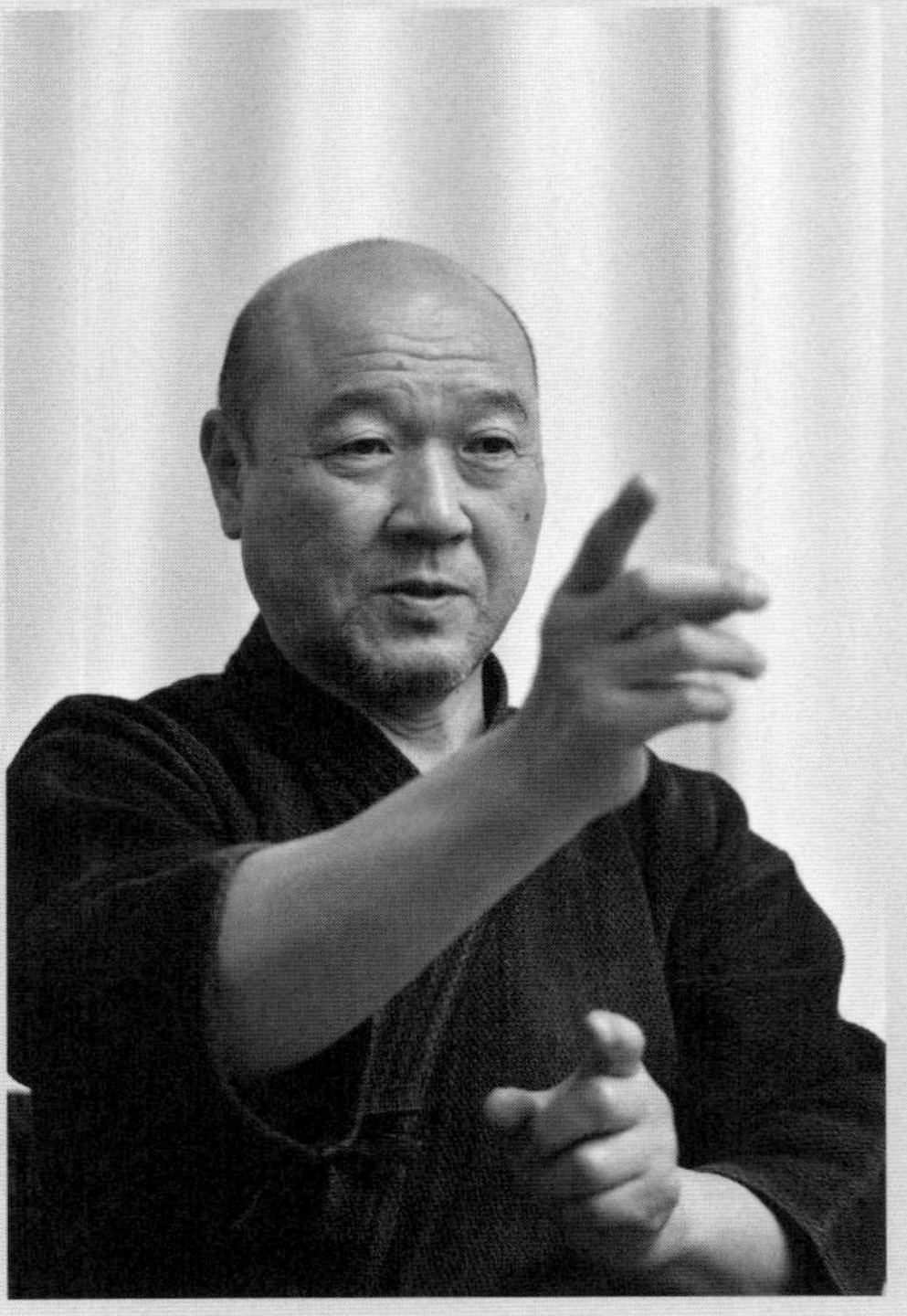

仕事に追われ稽古時間が減少はじめた朝のランニングと素振り

素振りは剣道入門のイロハの「イ」であり、私も剣道を習い始めた当初から現在に至るまで、途切れることなく続けています。剣道をはじめたときから高校時代くらいまでは、先生のいわれるがまま、ただ竹刀を数多く振ることが素振りだと考えていました。その考えが変わったのは筑波大学に入学してからです。剣道の専門家を育てる筑波大では、素振りに関しても方法や意味合いなど、理論的かつ実戦的な指導を施されました。一拍子で打つこと、素振りにおいても打突部位をしっかりととらえること、大きく正しく振ることの意味など、かなり厳しく指導をいただいた覚えがあります。ここで素振りの重要性に気づき、もっと日々の稽古で素振りを大事にしていればよかったのですが、大学は素振り以外の稽古がより厳しかったので、素振りで自分を追い込むというところまで思いが至りませんでした。いわゆる指導者になるための理論は身につけていても、自身の剣道への直接的な結びつきという面では、まだそこまで考えが至らなかったというのが正直なところです。

素振りにもっと真剣に取り組まなければならないと感じたのは、40代に入って八段受審を意識しはじめたころだったと思います。年齢を重ねていくなかで仕事上の立場もでき、なかなか稽古時間に恵まれなくなっていきました。そんなとき、一人で、かつ短い

谷教士が素振りで使用している竹刀と鹿島新当流の木刀

時間でも実践できる素振りという稽古法は、私のなかで必然的に重要度が上がっていきました。

私は稽古時間がなかなか取れなくなってきてから、朝の時間を有効活用しようとランニングをはじめました。45分~50分のランニングを終えて、週に3回程度、木刀をつかった素振りを五百本ほど、15分~20分かけて行ないます。時期によっては素振りをする時間もないほど忙しいこともありますが、たとえば八段戦の前などはちょうど学校も春休みということもあるので、しっかり週3日、素振りをする時間を確保することができていました。40本を1セットで区切り、10~13種目を行なっていきます。

メニューは以下のとおりです。

①上下振り
②斜め上下振り
③腕を返しながらの斜め上下振り
④左手左足前で行なう素振り
⑤腰割素振り
⑥正面素振り
⑦左右面素振り
⑧腕を返しながら左右面素振り
⑨前後に足を開いての腰割素振り
⑩左手左足前で前後に足を開いての腰割素振り

これで四百本程度になります。残りは前進後退や左右胴、二段打ちなどをランダムに取り入れ、おおよそ五百本程度で朝の素振りを終えるようにしています。

このメニューを見ると、跳躍素振りをやらないのかと思われる方もいらっしゃるかもしれませんが、私は屋外での跳躍素振りはほとんど行ないません。肩に負荷をかけることを一つのポイントに素振りに取り組んでいるので、わざわざ最後に跳躍素振りをせずとも、それまでの素振りで充分目的は達しています。

筋力強化の素振りではなく
刃筋と手の内を意識した素振りを

また、私が素振りを行なう際にポイントとしているのは「刃筋」です。そのためには、まず目の前にしっかりと相手を想定することが重要です。正面だけでなく、小手も胴も、打突部位より少し切り込むくらいのところまで振り下ろすようにしています。

次に意識しているのが「手の内」です。手の内に関しては、右手が押し手、左手が引き手という考えもありますが、私は左拳と右拳、それぞれのなかで押し手と引き手を作ってあげるようにしています。具体的には小指を締めて親指と人差し指を前に出す、というようなことです。

そして最後に、素振りをすることで肩まわりの筋力補強に努めています。我々の年齢になると、筋力は強化ではなく補強の意味合いが大事になります。いかに筋力の衰えを緩やかにできるか。素振りで筋力強化を考えた場合には、跳躍素振りを10セット行なった方が効果は出ると思います。そうではなくて、筋力補強も行ないながら、もっと大事な刃筋や手の内を意識する。50歳を過ぎてからは、より一本一本を丁寧に、思いを明確に素振りをするようになりました。

素振りを実際の打突にどうやってつなげていくか。そこの鍵を握っているのはやはり刃筋だと思います。ここで考え違いをしてはならないのは、素振りをしたからといっていわゆる無心の一打がでるわけではありません。無心の技が出たときに、結果として素振りで修練した刃筋や手の内が生きてくる、そういうことだと思います。

全剣連の講習会では、竹刀は「刀」であるという理念のもと指導が行われています。刀から木刀、木刀から竹刀、その竹刀をつかって行なう打突を、基本から稽古、稽古から試合・審査にどうやってつなげていくか。武道は古来から形が大事にされていますが、素振りもかたちにこだわることで、刃筋や手の内が身体に染みついてくるのではないかと考えています。

肩甲骨と肘を意識して振りかぶる

素振りは大きく正しく行なうことが基本です。正しい素振りを心がけて修練を重ねていくことで、いずれ小さく早い技も身についていきます。

すべての素振りに共通するポイントとして、意識してもらいたいのが振りかぶりです。初心者の素振りを見ていると、肘が開いて脇があいてしまっているものを見かけますが、これだと剣先の軌道が定まらず、刃筋が安定しません。振りも小さいものになってしまいます。

大きく正しく振りかぶるには、肘を意識してみるとよいでしょう。構えた状態から、肘を上方に持ち上げる感覚で振りかぶります。そうすると、肩甲骨も充分に使うことができ、軸の定まった大きくきれいな振りかぶりが実践できます。

振りかぶるときに構えた手の状態を変えないことも大切です。左手が死に手になってしまうと、振りかぶったときの剣先が必要以上に下がり、正しい素振りになりません。肘を意識した素振りができていれば、こういった悪癖も直すことができます。

肘が開くと木刀や竹刀をまっすぐ振り上げることができない。構えたままの状態を維持しながら、肘を上方に持ち上げる感覚で振りかぶるとよい

肘を意識して振りかぶれば、肩甲骨も充分に使うことができる

両拳で押し手と引き手を意識し、打突に冴えを生み出す

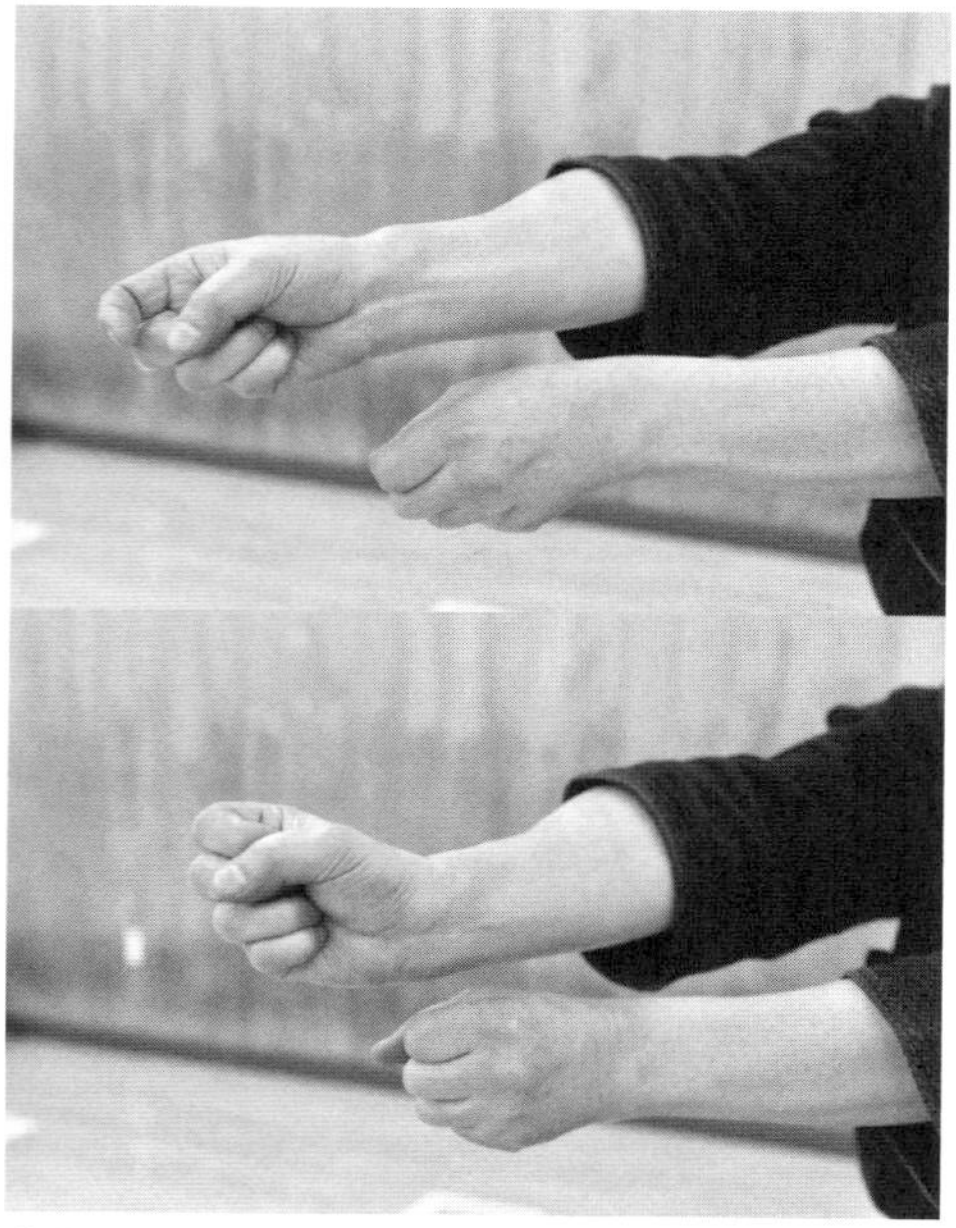

小指を締めて親指と人差し指を前に出し、掌中で押し手と引き手の作用を生み出す（上）。手の内が悪いと打突に伸びや冴えが生まれなくなる（下）

振り下ろしは面であれば眉間まで（上）、小手は小手を切り落とすところまで（中）、胴は身体の中心当たりまで行なうとよい（下）

手の内の解釈には多くの意見があると思います。とくに押し手と引き手に関してはさまざまいわれていますが、私は左拳と右拳、どちらもそのなかで押し手と引き手があると考えています。

右手が押し手、左手が引き手という考え方もありますが、私の場合、それですとせっかく振り上げた左手が戻ってきてしまう感覚があります。剣道は前に出て打っていくわけですから、振り上げた左手は戻ってくるのではなく、前に運びたいと思っています。

そうなると、押し手と引き手は掌中で完結させなければなりません。昔から「手の内を締める」といいますが、この締めるという動作が、押し手と引き手になるように意識しています。具体的には、小指の締め（引き手）と同時に親指と人差し指を前に出す（押し手）。両拳でこの作用を行なうことで、打突に伸びや冴えが生まれてくると思います。

素振りの際には、振り切った瞬間にこの作用をつかって冴えを生み出します。相手を想定して、しっかりと打突部位よりも深いところまで切り込んでいきます。

「刃筋」「手の内」「体さばき」。一本一本意識を高めて振る

前述したように、私は朝の15～20分をつかって、10～13種類の素振りに取り組んできました。

上下振りや斜め振りでは、とくに刃筋を意識しています。肩甲骨の可動範囲を充分につかって大きく振りかぶり、剣先がブレないようにしっかりと膝頭あたりまで振り切ります。このとき、左手が死に手になってしまわないよう注意が必要です。

上下振り

斜め上下振り

腰割素振り

前後に足を開いての腰割素振り

左手左足前で行なう素振り

腕を返しながらの斜め上下振り

腕を返しながらの素振りは、手首を柔らかく使うことがポイントになります。腕を返す瞬間は、手の内を緩めなければなりません。この感覚を素振りで養っておくと、いざ稽古や試合でその場面がきたときに、自然と柔らかい返しが実践できます。私は前進後退のほかに、左右の動きや開き足を加えた素振りも取り入れるようにしました。

剣道は基本的に右手右足前で構えますが、ずっとこの構えを取っていると、身体のバランスが崩れてしまうそうです。昨今は身体のバランスに関して、他競技でも盛んに叫ばれていますが、私は左右のバランスをとる一環として、左手左足前で構えて行なう素振りも実践しました。前後に足を開いて行なう素振りにおいても、前後の足を組み替えたり、左手前で構えたりすることで、身体のバランスがくずれてしまわないように留意します。

空間打突の正面打ちや左右面打ちは、しっかりと相手を想定して行なうことが大事です。寸止めにならないように、打突部位よりも少し低めに切り落としていきます。左右胴打ちも、竹刀を胴に当てるだけでなく、相手の中心線まで切り込むつもりで振っていきます。

最後に体さばきを加えた二段打ちの素振りも行ないます。これは技も体さばきもランダムにし、素振りの総仕上げの意味合いで行ないます。

第二章　剣道上達講座

攻めの基本

二種の攻めで相手を崩す

剣道の動作を分解して理解しようとすると、竹刀を振るという動作と身体を運ぶという動作の二つに大別できます。これらの基礎ができていなければ、稽古を重ねてもなかなか上達していきません。手の内はできているか、竹刀を握ったときの腕のかたちはどうか、足さばきはうまくできているかなど、まずは基礎的な部分をおろそかにしていないか、自己を省みることからはじめてみるとよいかと思います。

自分を崩さず相手を崩す

自分を崩すことでさらに相手を崩す

剣道における攻めの理想は、自分を崩さずにいかに相手を崩すか、これに尽きます。まずはここを学ばなければなりませんが、中には動きが激しく、中心のとり合いをすることが難しい相手もいます。そういった場合には、私は自分をわずかに崩すことで、さらなる大きな崩れを誘うという攻めを試みています。この二種の攻めが習得できれば、試合や審査、稽古などの場面を問わず、よい剣道が実践できるようになると思います。

上半身の構え

脇を締めて肘を曲げ、無理なく構える

竹刀を振る動作を考えたときに、まず大事になるのは構えです。私が見ていてよい構えだなと感じるのは、必要なところにはきちっと力が入っていながら力みの見えない、力強くそして柔らかい構えです。このような構えが実践できれば、相手のどんな攻めや動きにも対応できると思います。

竹刀の握り方で気をつけておきたいのは小指です。よく左手はしっかりと握り、右手は添える程度といわれますが、私は両手とも小指はしっかりと、親指と人差し指は添える程度に握るようにしています。そうすることで自在に竹刀を使えるようになり、打突にも冴えが生まれてくると感じています。

横から見て、肩・肘・手首のラインがしっかりと曲がっていること。脇が空くとこのラインが一直線に見える

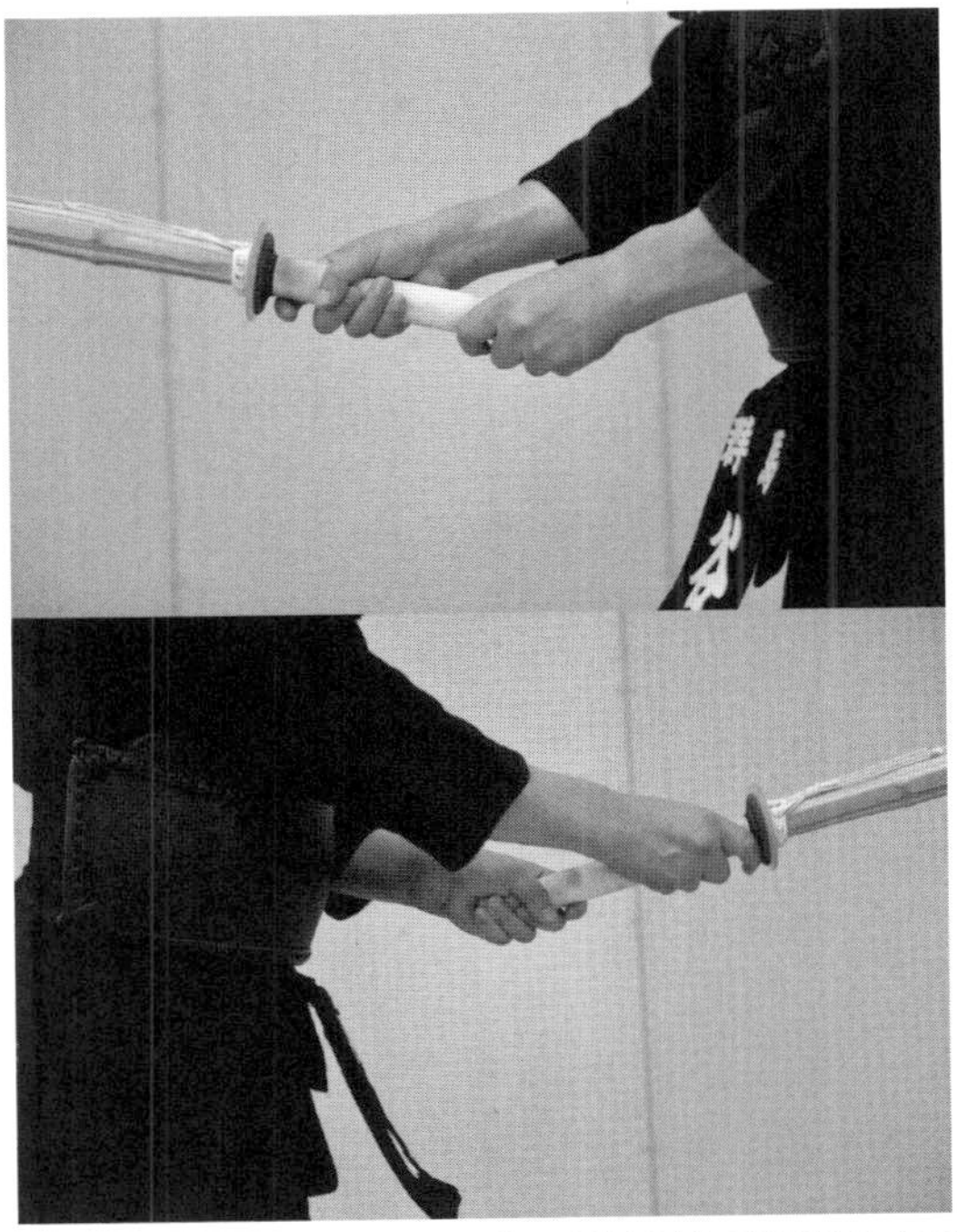

両小指はしっかりと締め、他の指は添える程度の力で握る

そしてもう一つ、構えでポイントとなるのが腕のかたちです。横から見て肩から肘、手首までのラインがしっかりと曲がっていなければなりません。これが一直線に見えてしまっている人は、脇が空いている証拠です。脇が空いてしまうと、肘が使えず打突に力強さや冴えが生まれません。脇を締める、肘を曲げる、その延長線上に竹刀を持つというイメージで構えてみるとよいでしょう。

下半身の構え

自在にさばくことのできる足構えを保つ

基本の足構えは、右足かかとの横ラインに左足つま先を合わせ、足幅はだいたい一足長分といわれています。なぜこの足構えがよいのかを考えてみると、剣道は前に跳ぶ、後ろに下がるといったような前後の動きが基本になりますが、左右に身体をさばいたり、体軸を中心に身体を回転させたりといった場面も往々にして出てきます。そのときに、必要以上に足幅が広かったり、または狭かったりしていては咄嗟の対応ができません。相手の動きにいつでも素早く対応するためには、昔から伝わっているこの足構えがよいのだろうと思います。

足のかたちが決まったら、今度は重心について考えます。私は右足の土踏まずの横あたりに重心（体重は左右均等）を置くようにしていますが、それは、剣道の技が前へ出る動作を中心に成り立っているからです。重心が後ろ過ぎてもスムーズに前へと出ることができませんし、前過ぎても後ろへの体さばきがうまくいきません。ですから、中央よりもやや前、右足の土踏まず横のあたりに重心を置いておけば、自在に身体をさばくことができるようになると思います。この下半身の構えに、先ほどの上半身の構えを乗せるようなつもりで私は構えています。

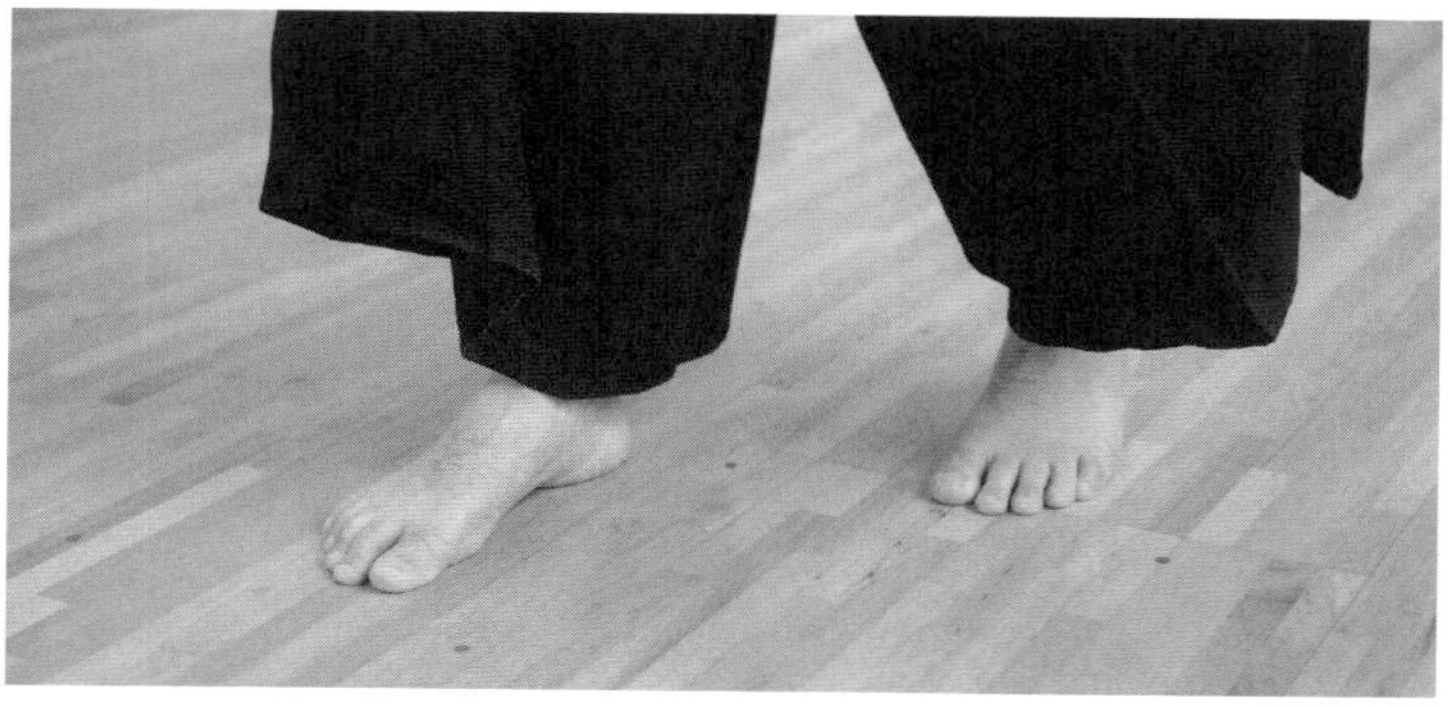

基本の足構えを保ち、重心は右足土踏まずの横あたりに置く

重心を前へかけ過ぎると、左右や後ろへのさばきがスムーズにいかなくなる

左足に体重をかけ、わずかに前へと重心を傾ける

二種の攻め

自分を崩さずに相手を崩す

剣道は、構えあったところからただ闇雲に打っていっても一本をとることはできません。一本を取るためには、かならず攻めて相手を崩すという過程が必要になります。

攻めの理想は、自分の構えを崩すことなく相手を崩すことです。充実した姿勢で、遠間から打ち間に入る。このとき相手が崩れてくれれば、崩さないで崩すという攻めが成功したことになります。

では、どのようにすれば相手が崩れてくれるのか。それには、中心をとるという意識がとても重要です。中心をとられると、それが剣先のわずかな動きであっても嫌な感じがするものです。その嫌だと思う気持ちが精神的な崩れであり、その崩れは、ひいては構えや動作の崩れとなって現われてきます。

ことさら相手の剣先を押さえようとせず、手元から突きを攻め

竹刀を身幅分だけ左に平行移動させるつもりで攻め、自分を崩さずに相手の中心をとる

るつもりで間合に入っていきます。そうすると、竹刀の身幅分だけ自然と相手の中心をとることができます。私はよく「突き心で攻める」ということをいいますが、突きを攻めると、そこからどの技がくるのか相手に迷いが生じます。この迷いを起こさせることができれば、崩さないで崩すという攻めがほぼ完成したことになります。

二種の攻め

自分を崩すことでさらに相手を崩す

中心のとり合いは剣道の醍醐味ですが、相手によってはうまく噛み合わない場合もあります。そういった場合には無理に崩さず

相手の手元を攻めるように剣先を下げる。自身もわずかに崩れるが、相手は打たれたくないという気持ちからさらなる大きな崩れを起こす

に崩そうとするのではなく、相手の癖を見抜いて誘い、わずかに自分を崩してさらに大きく相手を崩すという攻めも有効になります。

崩して崩す、その代表的な攻めが「かつぎ」でしょう。竹刀をかつぐことによって自分の構えも崩れますが、相手はこちらの技を受けようとさらなる大きな崩れを起こします。

そして私がもう一つ、この崩して崩す攻めのパターンとしてよくつかうのが、手元から突きを攻める方法です。剣先を下げて手元を攻めると、相手は小手を警戒して剣先を開いたり、突きを嫌って手元を上げたりします。受けるのが上手な相手に対しては、突きから面にいくと見せかけて手元の上がったところに左胴を打つ、といった攻めもつかいます。

これらの攻めで気をつけなければならないのは、自分を崩す瞬間です。ここを狙われては元も子もありません。ですから、やりとりの中でしっかりと相手の癖を読むことが必須になります。

仕かけて面

攻めて崩して 隙をつくり出してから打つ

前述した二種の攻めをつかいながら、どのように面を打つかを説明したいと思います。まず前提としておかなければならないのは、高段者によるやりとりの場合、遠間から一歩攻めてすぐに打つという状況はほとんどありません。遠間から攻めて溜める、打突の機会をうかがう、あるいはさらに攻めるといったような、一足一刀の間合で対峙する場面が多くなります。そこからどうやって相手を崩すかがポイントです。

仕かけ技、とくに面打ちは、相手を攻め崩していなければ打つことができません。攻めて相手を崩す過程をおろそかにしていると、せっかく稽古をしていても上達が鈍いものになってしまいます。攻める、崩す、できた隙を打つというプロセスを大事にして、稽古に取り組むとよいと思います。

崩さずに崩す

中心を制し、腰を平行移動させて打つ

崩さずに崩す攻めで面を打つには、相手の間合に攻め入りながら左拳を絞り込み、竹刀を左に平行移動させる気持ちで剣先の幅一つ分だけ中心をとります。自分が中心をとって勝った状態にあるかどうかは、稽古を重ねていくと次第に感じられるようになってきます。かならず自分が勝った状態で攻めることを心がけましょう。そして、攻め入ったのち、すぐに打突してしまっては攻めの効果も半減してしまいます。一足一刀の間合まで入ったらわずかに溜め、相手に迷い（隙）が生じたところで面を打っていきます。

　この攻めは自分の体勢を崩さないことが重要ですから、左足に体重を乗せながら右足を送り、腰を平行移動させるつもりで行ないます。そうすると、身体がぶれることなく体を移動することができます。

　裏からの攻めも同様の過程で行ないます。遠間から剣先を下から裏にまわしつつ中心をとっていきます。「突くぞ」という気持ちを持って攻めると、相手も打たれたくないという思いから居着いたり、中心を取り返しにくることがあるので、その隙を見逃さずに捨て切って打突します。

剣先の幅一つ分だけ相手の中心を制し、腰を平行移動させながら崩さずに相手を崩して打つ

崩してさらに崩す①

面を意識させ、刃筋を変えて打つ

この技は、大きく振りかぶることによって自分を崩しますが、その攻めによって相手は面を避けようとさらに大きな崩れを起こします。相手が表鎬で受けようとすれば右面を、裏鎬で受けようとすれば左面を、振りかぶった状態から刃筋を変えて打ちます。

過程を追っていくと、まず遠間でのやりとりの中から一歩攻め入ります。このとき大きく振りかぶることで、面を狙っているぞと相手に思わせます。当然相手もそのまま構えていては打たれてしまうので、こちらの面を受けようとするわけですが、このとき表鎬で受けるか裏鎬で受けるかを瞬間に判断しなければなりません。これは、試合や稽古のやりとりの中で相手の癖を読んでおく必要があります。相手が受ける動作をする前に打突しようとすると、防がれてしまう可能性が高くなります。表鎬で受ける場合も

面を意識させるように一歩攻め入って振りかぶり、相手が避けたところに刃筋を変えて面を打つ

裏鎬で受ける場合も、受けるタイミングに合わせながら相手の竹刀に沿わせるようにして、しっかり刃筋を立てて打突するようにします。

出ばな面　溜めをつくって相手の崩れを誘う

私の場合、出ばな面には二つのパターンがあります。一つはお互いに攻め合う中で、相手が不充分なまま打突にくるところを狙う場合、そしてもう一つは、相手も出ばなを狙っていると感じた場合に、先によい状態をつくって乗っていくというものです。

まず一つ目のパターンですが、一足一刀の間合から、これまでと同じように竹刀を左に平行移動させるつもりで中心をとります。このとき、私は攻め勝っている状態、反対に相手は攻め負けています。こちらが「突くぞ」という気持ちでさらに攻めると、相手は態勢が不充分であるにも関わらず打突に出てくることがあります。そこを、相手の中心を割るように面に乗ります。

もう一つのパターンは、一歩攻め入ったときに相手も出ばなを狙っている状況です。左足を固定したまま右足で攻め、そこに相

中心をとりながら攻め入って溜め、相手が居着く、もしくは不用意に出てきたところを面に乗る

左拳を絞り込むように剣先の幅一つ分だけ、竹刀を左に平行移動させる。こうすることで、自分を崩さずに相手の中心を制することができる

手が出てきたら先んじて面を打ちます。この技は右足を着くと居着きになり、打たれる可能性が高くなります。右足を床に着けず、そのまま打突につなげるのがコツです。

崩してさらに崩す②

突き心で攻めて相手の崩れを誘う

自分をわずかに崩すことで相手を大きく崩す攻めをつかい、面につなげます。触刃の間合から、相手の手元から突きを攻める気持ちで剣先低く一歩間合に入っていきます。このとき、多くの相手は小手を打たれるのをいやがって剣先を開くので、そのまま竹刀を振り上げて面を打ちます。剣先は正中線から外れていませんから、最短距離で相手を打つことができます。

この技はかつぎ技ほどの大きな動作ではありませんが、剣先低く攻められると、面にくるのか、それとも小手にくるのかと迷ってしまうものです。迷いが生じた時点でかならず崩れは気持ちやかたちに現われてきますから、その隙を見逃さずにとらえられるよう稽古しておきましょう。

また、さらに発展した形として、こちらの面への大きな振りかぶりに対して相手が防御の姿勢をとったときには、左右の面へと打ち分けることもできます。

突き心で剣先を下げながら相手の手元に攻め入り、相手が小手を警戒して剣先を開いたところに面を打つ

仕かけて小手

迷いを生じさせて手元を浮かせる

小手打ちに関しても、攻めのかたちは面打ちと同じです。自分を崩さずに相手を崩す攻めと、自分をわずかに崩してさらなる大きな崩れを起こさせる攻め。この二種の攻めをつかって相手の小手に隙をつくり出し、すかさず打ち込みます。

面打ちのときにもいいましたが、一番理想的なのは自分を崩さずに相手を崩す攻めです。中心を攻め、相手からすれば、突きにくるのか面にくるのか、それとも小手にくるのか分からない、そんな状況をつくり出すことができれば、その迷いはかならず現象となって現われてきます。とくに小手技は、相手の剣先や手元を上げさせるのが最大のポイントですから、どういったかたちで攻めれば剣先や手元が浮くのか、日頃の稽古で工夫・研究するとよいと思います。

崩さずに崩す

突きから面を攻め、避けたところを打つ

基本の攻め方は面打ちと同じです。構えた状態から剣先の幅一つ分だけ、竹刀を左に平行移動させる気持ちで中心をとります。そして、攻め勝っている状態を維持したまま間合に入っていくと、相手は当然突きや面が恐くなり剣先や手元を上げます。その瞬間を狙って小手を打つわけです。

この攻め方も、相手にどの技を仕かけるのか悟らせないことが大切です。突きから面を攻めて上半身を守らせ、避けようと剣先や手元を上げたところが打突の機会となります。

攻めから話が逸れてしまいますが、小手を打ったあとは相手に体当たりをするつもりで身体を寄せておくとよいと思います。体の寄せが次の技への導入にもなりますし、後打ちをされないという利点もあります。打突は捨て身で行ない、その余勢で相手に体当たりをしていきましょう。

剣先の幅一つ分だけ中心をとって突きから面を攻める。相手が警戒をして手元をあげたところに小手を打つ

崩してさらに崩す

下攻めから、面の軌道で小手を打つ

自分を崩してさらに大きく相手を崩す攻めで小手を打ちます。小手の場合、相手が突きや面を避けようと剣先や手元を上げてくれなければ、なかなか打突することができません。相手の剣先や手元を上げさせるためには、自分の崩れを利用して相手の崩れを誘う方法も、試合の中では多くなってくるのではないかと思います。

触刃の間合から、手元から突きを攻めるように剣先を下げて攻め込みます。面打ちのときには、相手が小手をかばおうと剣先を開いたところに面を打ちました。小手を打つには、面と同じ軌道で竹刀を振りかぶり、その振りかぶりにつられて面を防ごうと剣先や手元を上げた瞬間を狙います。面打ちよりも少し複雑な気持ちのやりとりになります。相手の状況により相手の竹刀越しに上

剣先を下げて相手の手元から突きを攻めていく。面を打つ軌道で剣先を上げていき、相手が面を避けようと手元をあげたところに小手を打つ

から小手を打つ場合や下からそのまま小手を打つ場合もあります。

　剣道では昔から、上下の攻めの大切さがいわれています。得意技が面であれば、小手打ちをさらに練習することで面がもっとよいものになりますし、その逆もあります。同じ下からの攻めでも、面と小手の両方の技を習得しておくことで、どちらの技も質の高いものになるはずです。

かつぎ小手

突きから面を攻めてかつぎ、手元を浮かす

　下攻めからの小手に続いて、自分を崩すことでさらに大きな崩れを誘発して打つ小手をもう一つ紹介しておきたいと思います。

　攻めの基本の項でも触れましたが、自分を崩すことによって相手を崩す代表的な技が「かつぎ」です。ここではかつぎ小手を行ないますが、触刃の間合から攻めつつかつぐ方法もあれば一足一刀の間合に入ってからかつぐやり方もあります。どちらの方が崩れるかと問われると、これらはケースバイケースでつかい分けるものであり、どちらが優れているということはありません。どちらもつかえるようにしておきましょう。

　一足一刀の間合に一歩入ってからかつぐ方法を説明しておくと、

中心をとりながら一歩攻め入る。一足一刀の間合から、突きから面を攻めるようにして相手の手元を浮かし小手を打つ

最初は他の技と同じように竹刀を左に平行移動させる気持ちで中心をとります。その後、自分が攻め勝っている状態のまま間合に入って溜めます。面にくるのか小手にくるのか、相手に気持ちの偏りができたところで、素早くかついで小手を打ちます。

攻めつつかつぐ方法は細心の注意が必要です。とくに出ばな面を狙っているような相手には、かつぐ瞬間が打突の好機となってしまいますので気をつけましょう。

突き技

突き心を持って攻める

突き技の稽古は、技の稽古だけにとどまらず、攻めを学ぶ上でも基本となる部分が多くあります。面や小手の項でもいいましたが、突くぞという「突き心」を持って攻めると、相手は面にくるのか突きにくるのか、はたまた小手にくるのかが分からなくなり心に迷いが生じます。この迷いが崩れとなり、打突の機会へとつながっていきます。

崩さずに崩す攻めも、崩してさらに大きく崩す攻めも、剣先を相手の中心から極力外さないことが重要です。自分から崩して攻める場合も、剣先が中心から外れれば外れるほど、とくに突きなどはとらえづらくなります。手元から突きを攻めたり、突きから面を攻めるなど、剣先は正中線からなるべく外さないようにしておけば、相手の崩れが見えたときにすぐさま打突へと移ることができます。

崩さず崩す①

中心をとり、剣先をすり込むように突く

崩さずに崩す攻めをつかって相手を突きます。

まず、面や小手の攻め方と同じように、剣先の幅一つ分だけ竹刀を左に平行移動させる気持ちで中心をとります。自分が勝っている状態で攻め入り、これまではここから面や小手を打っていきましたが、わずかに溜めて相手に迷い心を生じさせます。迷いが居着きとなって見えたら、そのまま突いて出ます。当然、相手も中心をとり返そうとしてきますから、手をさらに絞り込み、相手の竹刀に剣先をすり込むような気持ちで突いていきます。

とくに若い選手には、身体の移動より先に手先を伸ばすような突き技が多く見受けられます。突き方にも色々と個性があると思いますが、私はことさら手先を伸ばすようなことはせず、構えた状態のまま腰の平行移動を意識し、突くことを心がけています。

中心を攻めながら相手にどの技がくるのか迷いを生じさせ、一瞬の居着きを突く。相手の竹刀に剣先をすり込んでいくようなイメージを持つと良い

そうすることで、自分を崩すことなく相手をとらえることができます。

崩さず崩す②

とり返してきたところを裏から突く

中心をとって突く方法の別パターンも紹介します。前述した突き技は、相手が中心をとり返してくるところに手を絞り込んですり込むように突きました。今回は、相手の力を利用して崩し、その隙を突きます。

これまでと同じように、剣先の幅一つ分だけ竹刀を左に平行移動させる気持ちで中心をとります。そのまま一足一刀の間合まで

中心をとりながら攻め入り、相手がとり返そうと剣先をもどしてきた瞬間に剣先を下げて突く

攻め入りますが、相手も中心をとり返そうと竹刀をもどしてきます。そのとき剣先を下げると相手の竹刀は支えを失って中心から外れていきますので、隙のできた部位を突きます。相手が取り返そうとして構えを崩したところに裏から突いてきますが、崩れ方によっては表から突くことができます。

崩してさらに崩す

小手を攻めて剣先が開いたところを突く

この技で大事なのは、自分の剣先を相手の正中線から外さないことです。剣先が正中線から外れてしまうと、突きを決めるのは非常に難しくなります。竹刀を裏や表にまわそうという気持ちではなく、剣先を正中線に沿って上下させる気持ちで行なえば、突きが外れる危険性も低くなるはずです。

剣先を低くしながら小手を攻め、相手が小手をかばおうと剣先を開いた瞬間に、すぐさま竹刀を表にもどして突く

崩さずに崩す突き技に続いて、自分を崩してさらに大きく相手を崩して打つ突き技を紹介します。

面技のときと同じように、まず剣先を下げて相手の裏をとり小手から突きを攻めます。攻められた相手は小手をかばおうと剣先を開いたり、居着くので、すかさず竹刀を表にもどして突きます。

この技でポイントとなるのは、手元を攻めたときに中心を大きく外してしまわないことです。剣先の横の動きは最小限におさえ、相手が剣先を開いたらすぐさま竹刀を表にもどし、突き垂にむかってまっすぐ突いていきます。

剣先の動きは小さいのですが、相手にはその動きによって恐怖心を抱かせなければなりません。そのためには、鋭く剣先を動かして手元を攻めることです。剣先に勢いがあることで相手に打たれたくないという気持ちが生じ、それが崩れとなります。

応じ技

よい状態を維持しているところに技を出させる

応じ技というと、相手が先に技を出し、その技を返したり、すり上げたり、抜いたりして勝つというイメージがあるかと思います。しかし、みなさんも経験があるかと思いますが、相手が出してきた技を応じるというのはそんなに簡単なものではありません。高段者になればなるほど、先に出された技に打ち勝つのは難しく、どうしても遅れてしまったり、体が崩れてしまったりということになります。

応じ技で大事になるのは、相手に気持ちで勝ち、そしてつねによい状態を保つことです。よい状態というのは、気後れしたり受け身になることなく、中心をとって攻め勝っているということです。攻め勝っていれば、相手は必ず不充分な状態で打突に出てきます。そこを応じればよいのです。

相手の技の速い遅いにとらわれず、自分がよい状態を維持しているところにいかに技を出させるか、このポイントを頭に置いて応じ技の稽古をするとよいと思います。また、応じ方には三つの原則があると私は考えています。それは、①応じるときの剣先は相手の身幅からはずれないようにする、②竹刀と竹刀の接点は極力自分より遠くする、③自分の構えの崩れを最小限にすることです。

面返し面

相手との間合を充分に保って返す

まずは、応じ技の代表的な返し技のひとつ面返し面について説明します。高段者の試合は攻防が一足一刀の間合で行なわれることが多く、しかも試合に慣れているためお互いに簡単には打つことはできません。相手の技を引き出して、前で処理をして打つことは理想ではありますが、うまくいかないことの方が多いのが現状です。

ここで紹介する面返し面は、面を受けたあとにうまく相手との間合を保ち、引きながら面を打ちます。引きながら技を出すことで打突が窮屈にならず、充分な間合を保ったまま物打ちで相手をとらえることができます。

こちらが中心をとりながら攻め入り、相手を不充分なまま打突にこさせます。遠間からでも、あるいは一足一刀の間合からでも、

中心を攻め、相手に不充分な状態で面を打たせる。相手との間合を充分に保ち、面を返して引きながら面を打つ

返す方法は変わりません。いずれにしても、相手の打突を表鎬で受け、裏に返して引いて打ちます。返しは最小限の崩れで行なうことができるよう修練しましょう。

面すり上げ面

振り上げと振り下ろしの交差部分ですり上げる

受ける気持ちがあると、うまくすり上げることができない。相手の振り下ろしと自分の振り上げの交差部分ですり上げ、素早く振り下ろして面を打つ

面返し面はどうしても自分の崩れが大きくなってしまい、受けるときに小手を打たれたり胴を打たれたりということがあります。極力自分を崩さずに相手の技を応じるには、すり上げ技が最適でしょう。ここでは面すり上げ面を紹介します。

実際の試合では相手も簡単には打ってきませんし、技術的に高度なこの技が決まる場面は少ないといいます。しかし、自分の崩れを最小限におさえ、相手の打ってくるところを素早く瞬間的にとらえるという難易度の高いこの技は、剣道の極意的な部分でもあり、奥義ともいえる玄妙な技の一つです。ぜひ習得してもらいたいと思います。

相手の技をすり上げるコツは、技を受けるのではなく、振り上げの動作の中ですり上げることです。相手の振り下ろしと自分の振り上げの交差部分ですり上げることができれば、距離が詰まることもなく物打ちで相手をとらえることができると思います。

中心をとりながら攻め入り、相手を不充分なまま面にこさせてすり上げ、素早く振り下ろして打ちます。打突後は相手がまっすぐ前に迫ってくるので、若干右斜め前方に身体をさばくとスムーズに打ち抜けることができます。

攻めながら面にさそい相打ちにするくらいの気持ちで行うとよいと思います。腰が逃げると遅れますので、相面にいくつもりで行うと腰も逃げずに正しい姿勢で相手をとらえることができます。

小手打ち落とし面

面にいく過程で小手を打ち落とす

次は小手に対する応じ技の代表例として、小手打ち落とし面を解説します。この技ですが、私自身はこの技を使おうと思って技を出すことはありません。なぜこのようないい方をするかというと、相手が小手にくるのを待って小手を合わせようとするとかならず遅れてしまうからです。私は面にいく過程の中で相手の出ばな小手を打ち落とすことを心がけており、かたちとしては打ち落としてからの面ですが、気持ちとしては面にいく一つのパターンとして考えています。

自分から仕かけていき、相手が出ばな小手を打ってくるところに合わせて打ち落とす。打ち落とした後は、腰が逃げてしまわないように注意しながら面に乗る

相手の出ばな小手を引き出すことがこの技を成立させる大前提になりますから、これまでと同じように中心をとりながら攻め、面にいく気を見せて不充分なかたちで相手を小手に誘います。相手の小手は素早く確実に打ち落とし、コンパクトに竹刀を振り上げて相手の面を打ちます。

小手すり上げ面
裏鎬を若干ふくらませてすり上げる

小手に対する応じ技の代表的なものとして、小手すり上げ面も説明したいと思います。

面にいくつもりで、若干裏鎬をふくらませながら相手の小手をすり上げる。剣先は正中線を外れないように注意しながら、素早く振り下ろして面を打つ

　小手打ち落とし面は、打ち落としがわずかに遅れただけでも小手を打たれてしまう際どい技です。明らかに相手が出ばな小手を狙っていると察知した場合には、小手すり上げ面で応じた方が安全だと思います。

　小手すり上げ面のポイントは、小手打ち落とし面と同様に小手を待って応じるのではなく、面にいく過程ですり上げるということです。攻め合いの中で中心をとって相手を誘い出し、面にいく振りかぶりを若干手元でふくらませることで竹刀をすり上げます。剣先が中心から外れてしまうと隙ができてしまうので、剣先は相手の正中線を通りながら、手元だけを若干ふくらませて裏鎬ですり上げるイメージがよいと思います。

　何度もいいますが、待って応じるとどうしても動作が遅れてしまいますし、運よく応じることができたとしても、その後の打突がスムーズにいきません。やはり、剣先のやりとりの中で相手に攻め勝っているかどうかが重要になるでしょう。

稽古法

初太刀をどのように捨てるか

私自身が稽古に取り組むときは、とくに試合や審査を意識することはありません。試合や審査と普段の稽古を切り離して考えてはならないと昔からいわれていますが、まったくその通りです。

これまで稽古を重ねてきて思うのは、捨てて打つことの重要性です。打たれないように打つのではなく、打たれるかもしれないけれども、自分の持てる力を出し切って捨て身でいく。そうすることで、決まれば素晴らしい技となり、打たれれば〝打たれっぷりがよい〟と評されます。打たれっぷりのよい選手は大成するといわれますが、それは日頃の稽古で捨て身の技を修練している証拠でもあります。

当然、ただ身を捨てても意味がありませんので、私の場合はとにかく初太刀を大事に稽古に臨むようにしています。初太刀を決めるためにどう攻め、どう機会をつくり、そしてどう捨てるか。これを考えながら稽古をするだけでも、かならず成長できると思います。

素振り

何のために素振りをするのかを考える

素振りを行なう上で一番考えなければならないのは、何のために素振りをするのかです。筋力アップがしたいのか、それとも持久力を高めたいのか、はたまた柔軟性を養いたいのか、その目的によって行なう素振りは変わってきます。これは剣道の稽古全般にいえることですが、ただ漫然と稽古をしていても上達はありません。つねに目的をもって取り組むことが大事であり、それは素振りにおいても同じことです。

　私が素振りを行なう際は、木刀を使用するようにしています。なぜかというと、木刀をつかうことで手の内の修練と確認ができるからです。ぜひ木刀をつかって素振りをしていただきたいと思います。

【上下振り、斜め振り】

　刃筋正しく振ることを心がけます。肩・肘・手首を柔らかくつかうことで、柔軟性を養うことができます。

【正面素振り、左右面素振り】

　身体を大きくつかい、剣先に冴えが出るように鋭く振ります。筋力アップ

上下振り

斜め振り

正面素振り

踏み込み足をつかった素振り

腰割素振り

手首を返しての素振り

開き足をつかった素振り

が目的ならば、スピードを上げて本数を多くするとよいでしょう。

【開き足をつかった素振り】

素振りをしながら体のさばきを修練することができます。返し技をイメージしながら行うとよいでしょう。

【手首を返しての素振り】

開き足をつかって体のさばきを修練しながら行ないます。体のさばきと手首の返しを同時に稽古することができます。返し技などでは、瞬時に手を緩める動作も大変重要になりますので、この素振りで感覚を養っておくとよいでしょう。胴返し面をイメージしながら行います。

【腰割素振り】

下肢の鍛錬が主な目的です。股を開いて上下振りや斜め振りなどを行ないます。お尻が出たり引っ込んだりしないように、背骨を床に差し込む気持ちで行なうとよいでしょう。正面や左右面素振りと組み合わせても構いません。

【踏み込み足をつかった素振り】

片足を前に踏み出しながら行ないます。下半身の強化に役立ちます。

素振りには多くの種類がありますから、目的に合わせて自分に必要な素振りを選び出し、本数やスピードを調整しながら行ないましょう。

切り返し

剣道の総合的な稽古であることを意識する

よくいわれることですが、切り返しは稽古前の準備運動ではありません。大きく振りかぶっての正面打ち、体当たり、左右面打ち、前後左右の体さばきなど、剣道の基本を学ぶことのできる総合的な稽古法です。左右面がしっかりと打突部位に届いているか、一つひとつの打突を打ち切っているか、適正な姿勢を保ちながら体をさばくことができているかなど、細かいところまで気を配りながら行なうことで、剣道の基本をしっかりと身につけることができます。また、私は「仕かけて面」の項目で刃筋を変えて打つことを説明しましたが、この技における左右の面への打ち分けのための立派な技練習であるという意識で連続左右面を行っていま

一本一本の打突が確実に打突部位に届いているかが重要。とくに左右面は打ち切りがおろそかになりがちなため、意識して行なうようにする。心肺機能に負荷をかけるため、できるだけ一息で行なうとよい

切り返しにはいろいろなやり方がありますが、大事なのは素振りと同じように、なんのために行なうのか目的を明確にすることです。学生のような鍛錬期であれば、激しく数をかけることも必要でしょう。一本一本を基本通りにできているか、確認しながら行なうこともちろんよいと思います。それぞれが目的をもって、短時間で効果の上がる切り返しを目指してもらえればと思います。

打ち込み稽古

元立ちが主体となり、元立ちに正しく打ち込んでいく

元立ちが空けたところを刃筋正しく、大きい振りかぶりで連続して打っていく

打ち込み稽古はよく掛かり稽古と間違えられますが、あくまでも元立ちが主体的に、掛かり手になにをどう打たせるかを考えなければなりません。掛かり手は、元立ちが隙をつくってくれるので、そこを正しく連続で打ち込んでいきます。

打ち込み稽古における掛かり手のポイントは、できる限り身体の崩れを小さく、しかし動作は大きく打ち込んでいくことです。また元立ちは間合による足さばき（その場から、一歩攻めて、追い込んでなど）や体当たり、さらには呼吸法の鍛錬をねらいに打たせ方を工夫します。掛かり手は、適切な体さばきはもちろんのこと元立ちのつくり出した隙に刃筋正しく打突できているかが大変重要になり

ます。

素振りや切り返しと同じように、目的をはっきりさせて取り組むと効果が上がります。なお元立ちは掛かり手を引き立てる気持ちで、間合を考慮しながら物打ちで確実に部位をとらえられるようにしてあげましょう。

打ち込み稽古の時間や本数などは必要に応じて設定しますが、基本は大きく正しく激しく、すべての技が一本になるように打ち込んでいくことです。

修業論

絶対的評価と相対的評価のはざまで

審査や試合の位置づけや意味について

自身の剣道について、審査や試合を通して評価を受けることは、できたこと・できなかったことを把握し自分の実力や能力を理解し向上させる上で、大変意味のあることです。評価には、「絶対的評価」と「相対的評価」とがあることは本書「はじめに」で述べてきましたが、元々は自分自身の剣道修業による成果の現状を、それぞれ異なる場面で披露しその結果を審査員や審判員に評価してもらうだけに過ぎません。審査用・試合用の剣道が別々にある訳ではないのです。そのような観点から、稽古・審査・試合について一貫性や共通性を持たせること、持てることが大切なことと考えています。

「勝ちたい、合格したい」と思うことは、一生懸命稽古すればするほど当然のことで、否定はしませんが、一番大切なのは真の自分の実力や能力を発揮できたか否かということではないでしょうか。当然のことながら、審査や試合では相手がいて、中々こちらの思い通りには遣わせてはくれません。そこで大切なのは、相手を遣おうとするのではなく、自分自身を遣うことです。今まで一生懸命稽古してきた一番よい構え、技や打突、攻めや機会を駆使し、今の自分の精一杯を遣うこと、披露することなのです。そして、その結果を謙虚に素直に受け入れて、また稽古を繰り返す。「何ができたか」という結果ではなく「何をしてきたか」の成果を表現することができればよいのです。審査や試合は、結果にかかわらず終わってしまえば過去の出来事です。一過性の審査や試合の結果に一喜一憂せず、「自己の足らざるを知る、教えていただく」の心境になれれば、将来において格段の進歩が得られると思っています。

また、審査は受審段位の力量がないと合格できない、と考える方は多いと思います。でも考え方を変えてみれば、受審段位の力量がないから不合格となったのではなく、現在の自分の段位の修業がまだ終わっていなかったためと捉えてみたらいかがでしょうか。七段審査に不合格であったなら、まだ六段の修業でやり残したことがある。七段に合格したならば、これから新たに七段の修業が始まるということです。七段の修業を全てやり終えたら、向こうから八段が自ずとやってくる。難関の八段に合格できたということは、これからまさに真の八段としての修業が始まるということであって、決してゴールではない。称号も同じです。最高位である「範士」もゴールではなく、称号を頂いたそのときから、生涯をかけて死ぬまで行う終わりのない範士としての修業の新たなスタートと位置付けることができると思うのです。

なお蛇足ですが、不思議なもので高段位の審査や称号審査に挑戦し合格すると、合格後に今までわからなかった理合や理屈、指導いただいた内容が理解できたり、また技や動作としてもできるようになることが多々あります。目指した山の頂を一つ超えると、見える景色もまた変わる。これは超えてみて、なってみて初めて体感することができる真実です。たかが審査といわず、常に新たな発見・体験がそこにあると信じて、挑戦し続けてほしいとも思っています。

「修証不二」ということ

審査や試合で結果を求めることは、大きな動機付けとなり目標となりますが、最終的な目的について全剣連は「剣の理法の修錬による人間形成の道」としています。つまり、審査に受かることと試合に勝つことを狙いとした稽古を一つの方便として、本来はその先にある方便の主体者としての個の人間的成熟や成長こそが剣道修業の目的としているわけです。ところが、ともするとこの方便自体の目的化ということが見受けられる場合があります。特に、中学・高校・大学などにおいて、試合結果を次の進学や就職の有利な材料とすべく、試合に勝つこと勝たせることが生徒・学生や指導者の目的となってしまう。そんな本末転倒の傾向があるのも事実です。今となっては恥ずかしい話ですが、そういう私自身も若き頃に、どうにかして子供たちを勝たせて関東大会やインターハイに出場させ、次の進学や就職に有利になるようにと考えていました。また、そのために稽古や指導が厳しくなり、途中で退部していく部員を少なからず出してしまったことも事実です。

この「〇〇のために、これをする」とか「××のため」というのが間違っていると諭すのが「修証不二（しゅしょうふに）」という教えです。この教えは曹洞宗の開祖である道元禅師が記した「正法眼蔵（しょうぼうげんぞう）」にあるそうですが、パソコンなどで言葉を検索していただければ、簡単に具体的説明を探すことができます。ここでは詳細は割愛させていただきますが、簡単にいえば「常識的には修行（修業）が先、悟り（成果）が後で、修行の結果、悟りが開けることであるが、そうなると修行しながら悟りを待ち望むようになりかねない。修行と悟りを対立させて、その間に色々な思慮分別（見返りや利益・名誉など）をさし挟むことを『染汚（ぜんな）』といって、これは間違いである。修行は汚れのないことが、不染汚（ふぜんな）の行でなくてはならない。修行のときは、求める心を投げ捨て、身も心も修行に打ち込むことがそのまま悟りとなる。この『××のため』というのがどうも曲者で、ここに染汚のタネが宿る」とのことです。

私達は、試合だけでなく審査においても、往々にして成果ばかりを追い求めてしまいがちですが、まずは「剣の理法の修錬」に集中し稽古に打ち込むことにより、自ずと成果はついてくる、というように解釈することがよいのではないでしょうか。そして、そのような心構えで日々の稽古に臨めるようになれることが、結果として「人間形成の道」につながるのかもしれません。

「三磨(摩)の位」と「PDCAサイクル」の観点から

新陰流の伝書に「三磨（摩）の位」という、武芸の修錬過程に関する三要素が示されていることはご存知のことと思います。「習い」「稽古」「工夫」を繰り返しながら、螺旋階段を登るように上達をしていく様(さま)を説いています。現代風にいうならば、教育現場や企業研修の場などでよく使われるようになった「PDCAサイクル」と同じような考え方です。昔から、我が国の古流の伝書の中に、現代でも通じる考え方があったことは驚くばかりですが、「P（Plan計画）」＝「習い」に、「D（Do実行）」＝「稽古」に、「C（Check）」＝「審査・試合」に、「A（Action改善）」＝「工夫」にといい換えることはできないでしょうか。

まずは、最初の「P」がとても大切となります。計画が明確かつ適切でないとその後のサイクルがうまく回っていきません。また計画の理論的な整合性も重要です。それを先生・師に教えてもらう、つまり「習い」がとても大切になるということです。素晴らしい師を探すのに年数を厭うなとは、芸道の世界ではよく耳にする言葉です。世の中には師と呼ぶに相応しい素晴らしい先生方がたくさんいらっしゃいます。是非、ご自身が稽古する場所や教えていただいた先生にこだわりすぎず（大切に思う気持ちは忘れず）、広く新たな場所や師を求めて出稽古されたらいかがでしょうか。できれば一回で終わることなく、失礼のないように継続的・定期的に通い、指導・助言をいただくことをお薦めいたします。勿論、何を習いたいのか知りたいのか、課題や疑問が明確になっていればそれに越したことはありません。よく「時間がない、機会がない」と耳にすることがありますが、自分の修業です。教えていただくわけですので、時間や機会は自分で作るしかありません。

次は「D」です。師から見聞きして習ったことを、まずは素直な気持ちで受け入れて繰り返し「稽古」することです。とはいえ、精神的・内面的な部分のアドバイスを活かしたり（できているか否かは、可視化しにくいので評価が難しいが）、動作や形についてのアドバイスを頭で理解し具体的に身体で表現することは、簡単ではありません。そこで重要となることは、師の思いや理論、姿や動きを頭で理解・咀嚼するのではなく、具体的なイメージとして映像化するということです。動作や形は比較的映像化しやすいと思いますが、可視化が難しい精神的・内面的な部分は、その作用が結果としてどのように動作や形として表れるのかをイメージするとよいでしょう。自分自身で理解・実践できる範囲でのイメージ化となりますが、師からの習いを感じたままに、極力ダイレクトに反映することがこの段階では重要です。やってみての反省・改善は、最終段階で説明いたしますが、ここでは、まずはやってみる、稽古を繰り返すということです。

次の段階「C」については、伝書には該当する記載がありません。しかし、今日では、「習い」「稽古」後には、その成果の発表場面として審査や試合が比較的頻繁に行われている状況があります。逆に、審査や試合のために習って稽古することの方が、動機付けとしては強くて、優先されているかもしれません。なお、審査や試合については、本論の最初の項目で述べましたので、ここでは省略いたします。ただし、修練の過程や程度の評価としての「C」は、次の最終段階につながる大きな意味や価値があることは間違いありません。それ故に気をつけたいことは、評価結果を常に主体的に自己帰結的に捉えて、自身の修業に還元し生かしてほしいということです。簡単にいえば、不合格となった敗れたのは、審査員や審判員に原因があるのではないということです。大学時代、私は師から次のように教えられました。『勝ちに不思議の勝ちあり、負けに不思議の負けなし』。長い剣道修業の道のりでこのことを受け入れられる剣士、そして教えられる指導者となるように」ということです。いただいたこの教えは、私の大きな支えの一つとなってきました。

そして、最終段階の「A」となります。審査や試合の成果や結果をもとに、何ができたのかできなかったのか、どこがよかったのか悪かったのか、何をどうするのかを「工夫」し改善していく段階です。まずここでは、一連のサイクルの出発点でもある「P」の計画やその理論的整合性に立ち戻り、「習い」から繰り返し作り上げてきたイメージと実際との差異を修正していく作業となります。イメージや自身の課題が明確であればある程、修正は具体的かつ素早くおこなえるでしょう。そのために、自身の審査・試合や稽古の様子をビデオなどに録画し、改善・工夫の一助とすることは大変効果のある方法の一つともいえます。また、自分が習った師に審査や試合の様子を見てもらい、直接次の「習い」につなげていくことができれば、これほど効果的なことはありません。しかし、一番大切なことは、修業の主体者として螺旋階段を登っていく先（自分が理想として進むべき方向）が正しいのか否かの観点に立ち、目指すべき次の山の頂を再確認するとともに、登る道と登り方をしっかりと修正・設定し頭に刻むということになります。そして、その方向と方法や注意点などについて、改めて師に習うのです。螺旋階段を何周するかはわかりませんが、その繰り返しが必ずや目指す次の山の頂に皆さんを導いてくれると信じています。

師弟同行の大切さとは

アメリカ生まれの教育者・哲学者ウィリアム・アーサー・ワード（1921年～1994年）はその言葉の中で、「凡庸な教師はただしゃべる。よい教師は説明する。すぐれた教師は自らやってみせる。偉大な教師は心に火をつける」といっています。私が剣道を始めてから、地元群馬やまた大学において、さらに大学卒業以降に師事してきた先生方は、すべてご自身の体と命を削って、その道を求め・深め・広めてこられた方々ばかりです。その姿や教えに触れることにより、私は背を押されエネルギーを頂きながら今日まで剣道を続けることができました。古の先達者たちは同じように、技や心を師から受け継ぎ、繰り返し稽古を重ねながら次の世代に伝え、そして今日に至ったといえます。このように、自身の修業を通じてその姿から弟子を育て、弟子はその姿から自身の修業を顧み励んでいく。ここに、師弟同行の本来的な意義や価値があるのではないでしょうか。「語らずして導き、聞かずして悟る」究極の師弟同行像かも知れません。しかし、師や弟子の立場の違いはあっても、同じ修業の道を歩む同志として、同じ思いを共有することができれば、お互いにこれほど心強く素晴らしいことはないと思うのです。

ここで、私自身のことを少し振り返ってみたいと思います。大学は、筑波大学に進学しました。大学では、学校教育の現場において剣道指導を担う人材の育成を目指した厳しい稽古が待っていましたが、その四年間が今の私の基礎となったことはいうまでもありません。その指導理念の中核をなす考え方の一つが、「師弟同行」であったと考えています。とはいえ一般的には、大学を卒業し学校現場に入ると、経験年数が増すほど教科指導・校務分掌・課外活動・保護者や外部対応などと、時間はいくらあっても足りなくなってきます。まして、指導する剣道部を強くして地区大会やインターハイに出場させたいとなると、毎日の学校での稽古の他に、週末や祝日さらに長期休業期間には練習試合や遠征合宿を組み、中々自分の稽古時間を確保できないのが現状かもしれません。

話をもどしますが、大学卒業後の四年間は地元開催の国体の強化選手として、県の外郭団体に置籍で勤務していました。初めての全日本選手権出場もその頃です。国体後、当時の剣道強豪校であった県立高校に教師として初めて赴任することとなります。剣道部をさらに強くして関東大会やインターハイに出場させ、自分も各種の全国大会に出場したいと燃えていました。そんなとき、初任校で体育科の先輩教師から、「先生がいるときに一生懸命掃除をする生徒を育てるのが指導ではなく、先生が留守のときでもサボらずきちんと掃除ができる生徒を育てることが本当の指導」と教えていただいたことがありました。部活動指導も、まさにその通りではないでしょうか。

「今日は先生が道場にいない。ラッキー」ではなく、「先生も頑張っているのだから自分たちも頑張ろう」と部員に思ってもらえるよう、時間をつくり県内の稽古会に参加したり、可能な限り県予選会などの試合に出場しました。その結果、全日本選手権をはじめ、国体・都道府県対抗・全国教職員大会などに出場したり、東西対抗や高段者による各種の選抜大会に選考されたり、海外派遣の機会もいただくことができました。勿論、普段の学校での部活動は、可能な限り防具をつけて生徒と一緒に汗をかきました。卒業生には、私と同じく体育教師としての道を歩んでいる教え子、また警察官となり全日本選手権や各種全国大会に出場している教え子、その中にはつい最近一発で難関の八段審査に合格した教え子（「第三章　剣道談義」に掲載）も誕生し、本当に嬉しい限りです。

学校現場だけでなく、道場や教室、スポーツ少年団などで指導にあたっているたくさんの方々には、是非とも子供たちの指導と併せて、自身の剣道の上達や向上を常に心がけていただければと思います。子供たちの指導者が、別の上手の先生に稽古で必死に懸かる様子や、あるいは指導者が試合に臨むその姿から、打った打たれた、勝った負けたを超越した本来の剣道の修業としての在るべき形について、子供たちは必ずや何かを感じてくれるのではないでしょうか。

また、現在私は全剣連の社会体育指導員委員会の一委員として、指導員資格の認定並びに資格更新の講習会に関わっています。毎回、この講習会に参加され熱心に受講される皆さんの意欲や向上心には、本当に頭の下がる思いです。さらに上級資格に挑戦したり、資格更新のため継続的に努力していただくことは、知識・技術や能力の維持向上だけでなく、師弟同行の立派な実践例といえるとも考えています。

第三章　剣道談義

香田郡秀範士八段

同じ剣の道を求めて

剣道の本質を学んだ筑波大学

――今日は筑波大学の同級生であり、平成30年にときを同じくして範士を授与された香田郡秀範士と谷勝彦範士に、学生時代の思い出からさまざまなテーマについて意見をお聞かせいただきたいと思っています。そもそも、お二人が面識を持ったのはいつからでしょうか？

谷　面識という意味では、私は高校時代から香田先生のことをよく知っていました。同じ学年のインターハイ個人チャンピオンですから。

香田　私は失礼ながら、筑波大学に入るまで谷先生のことはまったく知らなかった。はじめて出会ったのは入学前の春合宿だったと思います。

――お二人が筑波大学に入学された理由は？

谷　私は中学校、高校と専門的な部活動指導者がいないなかで剣道を続けてきました。ですから、大学では素晴らしい指導者と強い仲間のいるところで自分の力を試してみたいという気持ちをずっと持っていたんです。そこで選んだのが筑波大学。もちろん、香田先生のような実績を持ち合わせていたわけではありませんから、一般入試で入学しました。昭和51年のことです。

香田　私は正直な話、さまざまな大学からお誘いをいただいたんです。でもそのなかに筑波大学はなかった。私の母校である長崎東高校は進学校で、剣道部の先輩方の多くは慶應義塾大学に進学していました。私も慶應に進もうと思い、高校3年の国体後に一度練習に伺ったのですが、ひょんなことから筑波大学にも行くことになりました。当時の私は筑波大学の存在さえも知らなくて、しかも向かってみたら道に迷い、到着したのは稽古が終わった後。もしあのとき稽古を見ていたら、筑波には進学していなかったと思います（笑）。今思えば、慶應でなく筑波に決めたのは、あのころから将来剣道の指導者になりたいという気持ちを持っていたんでしょう。

谷　私も大学入学当時から、将来は教員になりたいという希望を持っていました。先ほどもいったように私のまわりには剣道の専門的な部活動指導者がいなかったので、もし自分と同じような環境の子どもたちがいるならば、自分がしっかりとした剣道を指導できるようになりたいという気持ちがありました。その理由もあって、教員の道に進みやすい筑波を選んだところもあります。

――お二人の第一印象はどのようなものでしたか？

谷　私は一般入試だったので、自分以外にどんなメンバーが筑波に入学しているのかまったく知りませんでした。実際に春合宿で顔を合わせてみたら、香田先生をはじめとして、当時強かった八代東や琴平の主要メンバーが集まっており、これはすごいメンバーが集まったなというのが正直な感想でした。

香田　第一印象といわれるともう40年以上前のことなのであまり覚えていないですが、谷先生の素直な剣道は印象に残っています。十年先、彼は強くなっているだろうなと思いました。よく稽古もしていましたし、怖い先輩には一番に掛かっていました。

谷　当時は推薦生だろうが一般生だろうが、先輩方は平等に厳しかったですね。激しい切り返しや掛かり稽古を繰り返す毎日です。そんな状況下で、ただでさえ推薦生とのあいだに実力差があるのに、先輩方との稽古から逃げていては絶対にその差は埋まらないと思った。だからこそ、あえて怖いとかキツいといわれている先輩に一番に掛かっていったんです。そもそも、私は高校時代に強豪校のような稽古を経てきたわけではなかったので、筑波の厳しい稽古がトップレベルでは当たり前なんだという認識でした。でも実はそんなことはなくて、最初の春合宿で同級生たちは〝こんな稽古はとてもじゃないから逃げよう〟と話し合っていましたよ（笑）。

香田　あのときは本当に逃げて帰ろうと思った。私は中学校、高校と稽古量なら誰にも負けないという自負がありました。だからどこに行っても大丈夫だという自信があったのですが、その想像を遥かに超える厳しさでした。これが本当に剣道の稽古なんだろうかと思いましたよ。

谷　地稽古は、蹲踞して立ち上がったらすぐに掛かり稽古。打っていくと迎え突き。「剣先を怖がっているうちは強くなるか！」といわれてね。ヘロヘロになって転がされて、終わるころには胸から首にかけて真っ赤になるくらい厳しい稽古でした。変な話、筑波は人数の多い私学に比べたら縦社会もそんなになくて、合理

的で理屈にあった剣道を指導してもらえるものだと思っていたんです。その考えが甘かったことを、入学前から思い知らされました。

香田　私も谷先生と同じ考えだった。教育的な剣道を指導してもらえるものだと。大間違いだったと感じました。

谷　春合宿が終わったときに、本当に入学するかどうかみんなで話し合ったのを覚えています。私は一般生だからまだいいけど、みんなは推薦なんだから入学しないわけにはいかないだろう、みたいな。

香田　そして、入学してからも同じような稽古が続くわけですよ。寒稽古も厳しかった。切り返しと掛かり稽古が中心。とある先輩との掛かり稽古では、1時間突き技だけということもありました。私が突かれるわけではありません。先輩がもっと突いてこいと。なんともいない経験です。

谷　筑波では1年時の寒稽古が終わると、大学剣道部のバッジがもらえます。ここではじめて一人前の部員として認めてもらえるわけです。

――やはり思い出は厳しいことの方が鮮明に覚えているものですね。そんな経験をしながら4年間、筑波で剣道漬けの生活を送られたわけですが、筑波のよいところ、伝統のようなものはどのあたりに感じられていましたか？

香田　正しい剣道、これに尽きると思います。筑波大学は高野佐三郎先生の教えをずっと受け継いで、正しい剣道を正しく指導できる指導者の育成を目的としてきました。技術的には中心を攻めて面を打つこと、これが大命題。私は小手技が得意だったのですが、小手を打っても面が打てなければ評価はされません。先輩方もみな同じ考えを持って稽古をしているので、自然と意識も変わっていったような気がします。

谷　香田先生のいうように、筑波は教育者として剣道が指導できる人間をつくる場でもあるわけです。理合に適った剣道を体現でき、なおかつ強い、これが筑波の剣道部が目指すところだと思いますし、私もその気概を持って大学4年間を過ごしてきました。今でも覚えているのは、ある先輩からいわれた〝面打ち一本覚えて卒業していけ〟という言葉です。そのときの私はレギュラーになりたいという気持ちが強すぎるあまり、勝つことばかりを求めた剣道をしていたのだと思います。剣道の基本は面。それが身につけば、あとの技は自然とできるようになる。この言葉をもらって、やはり正しい剣道をまっとうしていこうと思いました。

香田　筑波は試合の勝ち方を教えてくれる場所ではありません。いってしまえば、これまで培ってきたものを一度すべて脱ぎ捨てて、基本からつくり直していく。稽古はまっすぐ攻めて面と掛かり稽古ばかりでしたが、これを繰り返すことによって、自ずと理合に適った正しい剣道が身についていくのだと思います。

谷　香田先生のいうとおり、稽古は面と掛かり稽古が中心で、細かい技術や駆け引きなどは一切教えてもらった記憶がありません。

香田　昔の剣道指導はそれが当たり前でした。昨今は指導者が手取り足取りすべて教えている。打った後のことまで指導しているから、打つまでの過程がおろそかになっている気がします。昔に比べて捨てていく選手が減ってきていると感じますし、競技としての剣道が変質しているのかなとも思います。

「師弟同行」を実践する

――筑波大学の指導者、卒業生には錚々たる剣道家が名を連ねています。お二人はそんな先生方に稽古をつけていただく機会も多かったと思いますが、これまで薫陶を受けた先生方の教えで心に残っていることを教えてください。

香田　私は学生時代にご指導いただいた今井三郎先生がとても印象に残っています。先生は小柄でしたが、攻めの圧力がすさまじかった。大学を退官後は相知館という道場で名誉師範をされており、そこでも稽古をお願いしたことがありますが、年齢を重ねても攻めの強さはまったく変わっていませんでした。佐藤成明先生は道場に毎日立って率先垂範される方で、今でも折に触れて助言をいただき、いくつもの成長のヒントをいただいています。大会

香田郡秀範士八段
こうだくにひで／昭和32年生まれ、長崎県出身。長崎東高校から筑波大学へと進み、卒業後は郷里長崎で教職に就く。その後、請われて筑波大学の教員となり、同大学の剣道部監督として輝かしい指導実績を残す。選手としては世界選手権大会個人優勝、全日本選手権大会３位、全国教職員大会優勝などの成績がある。現在、筑波大学体育系教授、同剣道部長、全日本剣道連盟常任理事などを務める

などでよい試合をしたときにはわざわざ手紙までいただき、本当にありがたい限りです。

谷　私も佐藤先生には大変お世話になっています。佐藤先生はことあるごとに「剣先が高いよ」とか「足幅が広いよ」とか、私が気づかないところをご指摘くださいます。大学時代の恩師に、この年になっても目を掛けていただけるのはとてもうれしいことです。それから東京教育大の大先輩でもある作道正夫先生は、剣道家として私の理想を体現している人でもあり、とても魅力的であると感じています。両先生に共通しているのは、どちらも学生に対する愛情が深いということ。「師弟同行」を、身をもって示しているお二人じゃないでしょうか。先生方からいただいた言葉は、自分の剣道を省みるときの大きな指針となっています。

香田　大学を卒業してからは谷口安則先生と小森園正雄先生にもご縁をいただきました。谷口先生にはまず打っていけない。返し技などはこちらが切られたと感じるほどの鋭さがありました。小森園先生は打っていけば切り落とされて面を打たれる。これらの経験は私にとってかけがえのないものです。

――大学を筑波に選んでよかったと思われますか？

香田　卒業してからしばらくして、筑波でよかったと思いましたね。谷先生は間違いなく思っているはずですよ。筑波にきてなかったらこうはなっていない。

谷　たしかにそう思います。47歳で八段に昇段して、八段選抜も優勝させてもらって、香田先生と一緒に範士までいただくことができた。筑波に行っていなければ、私の剣道人生はこうはなっていなかったと思います。その原点を探ってみれば、やはり〝面打ち一本覚えて卒業していけ〟というひと言。これが卒業後の私の土台となっていたことは間違いのないことです。

――大学を卒業されてからは、お二人とも教員の世界に身を投じました。選手としての道と指導者としての道、この二つを両立していかなければならない立場になったわけですが、当時はどのような考えをもって日々の稽古に取り組んでいたのでしょうか？

香田　私は大学卒業から5年間、長崎で高校教員の職に就きました。そのときは切り返しからすべての稽古を高校生と一緒に行なっていました。教え子を強くしたいという思いもあるし、自分も強くありたいと思っていた。とてもよい稽古ができていたと感じています。昔は全日本選手権でも教員が強かった時代がありました。今、教員が活躍できていないのは指導ばかりに重きを置いて、自分の稽古をおろそかにしているからじゃないかと思います。お互いに高め合って「師弟同行」を実践することが、ひいては高校生の力を伸ばすことにもつながるというのが私の持論です。

谷　私がつねに心に留めておいたのは、何事もいい訳をしないということです。自分の試合があるからといって生徒の指導をおろそかにしない。その逆もしかりです。もっといえば、剣道と仕事をいい訳にしないこと。部活動の遠征が多いから担任が持てないとか、仕事が多いから部活動に顔を出せないとか、それは違うと思います。仕事も剣道も大変なのは分かっています。その大変なことをやり切る、ここに価値を感じて欲しい。たとえば部活動の顧問がいないときに、生徒たちが自主性を持って稽古に取り組むことができるか。それは日ごろ、指導者がどのような背中を見せているかに掛かっていると思います。それこそ「師弟同行」だと思いますし、それが剣道のよさだとも思うんです。

自分の剣道を表現する

――選手として第一線を退いたのちは、八段という新たな目標が剣道家には見えてきます。年齢的に仕事も忙しくなる時期だと思いますが、お二人はどのような取り組みを行なっていたのでしょうか。

谷　私が八段に受かったのは47歳、3回目の挑戦でした。七段まではー発合格できていて、まわりの仲間も「先生だったら1回で受かりますよ」といってくれていて、そんな簡単なものじゃないだろうと思いつつも、自分の力を出し切ればもしかしたらという思いはありました。でも1回目、2回目と失敗をして、やっぱり難しいものだなと。3回目のときは、合格率が1％程度なのだから50代で受かれば上出来だろうと考えを改め、心を楽にして臨んだらよい結果が出ました。佐藤先生から、教員になったのならいずれは管理職になるんだ、一国一城の責任者になってはじめて教員は一人前なんだといわれ、管理職になる前に八段を取りたかったのですが、それが叶いました。稽古においては、とにかく面を着けて部員と一緒に稽古をすることを心がけていました。遠征に行けば、集まった指導者たちとの稽古会も行ないました。先ほどもいったように、仕事をいい訳にしないこと。いろんな機会を見つけて稽古を重ねたのが、結果につながったとも思います。

香田　私は谷先生よりも1年遅い48歳で八段に昇段しました。苦労したというのが正直な感想です。相手を打てば受かるだろうくらいに思っていましたが、そんなに甘いものではありませんでした。筑波大の指導者として期待されている分、審査に落ちるといろいろなことをいわれます。考えすぎてしまい、本番でうまくいかないことが続きましたが、佐藤先生から「昔は48歳からしか八段は受けられなかったのだから大丈夫」といわれ、気分が楽になったのを覚えています。5回目の挑戦では、自分にできることを紙に書いて審査に臨みました。それ以外はやらないと心に決めて。「大きな声を出す」「下がらない」「出ばなを打つ」など本当に単

純なことですが、この心がけが大事だったなと思います。合格率1%ですから、自分の剣道を表現しないと受からない。できないことを無理にやろうとすれば、必ず審査員の目にはそれが映ってしまいます。一つ、今審査に悩んでいる方々にアドバイスをするならば、出ばなをとらえるという意識をつねに持って稽古をしたらよいと思います。

谷　私もそれは同意見です。審査に受かるためというよりも、剣道を求めていくならば出ばなの技は外してはならないところだと思います。

香田　たとえば素振りをするときも、相手が面を打ってくることを想定しながら一本一本振る。それがいつでも技が出せる姿勢をつくり出すことにもつながります。つねに出ばな、遅れたら応じ技。これを実践するためには、打突以前に相手と合気になることが重要です。合気にならなければ攻めが利かず、相手を引き出すことができません。

谷　私も社会人になってからは、筑波での教えを胸に面打ちを磨きました。とくに出ばなとそれにつながる相打ちの勝ちですね。稽古では、小手を打たれても胴を抜かれてもいいから、捨てきって面に跳ぶことを心がけていました。先日、六段～八段の審査を見る機会がありましたが、不合格となった多くの人は相手の技を待っているところがあります。それではたとえ相手の部位をとらえたとしても、審査員の評価を得ることはできないでしょう。

香田　やはり出ばなの面が一番です。小手は少々遅れても打てますが、出ばなの面は先をとっていかないと打てません。気で圧して攻め、相手を引き出して冴えのある面で仕留める。すべての要素が揃っていないと打てない技です。だからこそ価値があると思いますし、そんな技だからこそ審査員も評価してくれるのだと思います。昔の先生方が出ばなの面が一番だといっていた理由が、今になってよく分かります。

質の高い基本を求める

――最後に、範士というお立場から一般の剣道家に向けて、剣道の稽古はどうあるべきか、剣道はどう求めていくべきかということをお聞かせいただきたいと思うのですが。

香田　一般の剣道家といってもそのレベルはさまざまだと思いますが、私が八段を挑戦されているような方々にお伝えしたいのは、

「鎬」を使うことの重要性です。これは大変難しい技術かもしれませんが、鎬がうまく遣えるようになると、わずかな力で中心が取れるようになりますし、相手の打突も体勢を崩すことなくさばけるようになります。鎬を遣って攻め入る、鎬を遣って押さえる。これができるとたとえ相手の打突が部位をとらえたとしても、こちらが崩れていませんから打たれた内に入りません。そして、鎬を遣えば応じ技も容易にできるようになります。応じ技は二段モーションになってしまうと相手をとらえることが難しくなります。鎬を遣うことで守りと攻めが一体になり、剣道全体が楽になります。

谷　「鎬」については国士舘の矢野博志先生もおっしゃっています。剣道は鎬を遣ってやりなさいと。

香田　それから「足」も大事です。〝気剣体の一致〟に足は欠かせません。気は合気になること、剣は鎬を遣うこと、そして体は足を使うこと。よく一拍子の打ちを求めなさいといわれますが、気剣体が一致していれば一拍子の打ちにつながっていくと思います。あまり一拍子で打つことを意識しすぎると、早く打とうとし過ぎて手打ちになってしまう。そうなれば本末転倒でしょう。審査に失敗している人の多くは、足が利いていないなと感じます。足が利かなければ打突に冴えが生まれません。谷先生はすごく足が利いているなと思います。

谷　それはよくいわれます。ただ、私自身は足を意識して稽古に臨んだことは一度もないんです。自分が意識せずに足がうまく使えているとしたら、それは大学時代の打ち込みや掛かり稽古で養われたものじゃないかなと思います。

香田　谷先生のいうように、本来は意識せずとも足を利かせられるのが一番だと思います。しかし、大人から剣道をはじめた人やブランクがある人は、意識してやらないといつまで経っても身につかない。意識してできるようになって、稽古を重ねる内に意識をしなくても同じことができるようになる。これが本物に近づくということでしょう。

谷　足に関していえば、私は足の置き方や幅、体重のかけ方などに関してはつねに意識をしています。そこからの使い方は稽古の反復でしか身につかない。切り返しと掛かり稽古はどの年代になっても必須の稽古法といえるでしょう。それに加えて、筋力は絶対に衰えてきますから、その衰えをなだらかにしていく努力は大切かと思います。私は日ごろの走り込みで筋力の維持を図っていましたが、これはやっていてよかったなと感じます。

――谷先生は剣道の求め方について、どのようにお考えですか？

谷　高いレベルで基本が身についているかどうか、これが大事だと思います。審査は同格の者同士で行なうわけですから、その相手に対して基本どおりの技を決めるのは至難の業。でも、そこを求めて稽古をしていくことが、自身の成長をうながしてくれるのではないかと思います。初段や二段の者に、五段や六段の者が面を打つのは簡単でしょう。そうではなくて、なかなか打たせてくれない相手に対して基本どおりに攻めて打つ。基本どおりという

京都大会での香田範士と谷範士の立合。捨てきった技での勝負は観衆の目を釘付けにした

のは、単純ということではありません。たとえば能における一歩は、初心者が歩いてもベテランが歩いても一歩は一歩です。しかし、何万回も稽古を積み重ねた一歩と初心者の何気ない一歩は、観ている者の誰もがその違いに気づきます。そこにどんな違いがあるかといえば、それは〝質〟でしょう。剣道も同じで、素人と八段の素振りには雲泥の差がある。質の高い基本とは、いい換えるならば理合に適った剣道ということでもあります。

——理合に適った剣道を求めていくことが上達につながっていく。

谷　もちろんです。理合のなかには刀法もあれば身法もあれば心法もあります。刀法は攻め（竹刀による崩し・振り）、身法は足（体はこび）、心法は機会（打突の好機・四戒）と置き換えてもよいかもしれません。それらが高いレベルで修得できていれば、審査の場でも自ずとよい技が出るはずです。では、この質の高い基本を身につけるにはどうすればよいかですが、これはいわずもがな、基本の繰り返ししかありません。昇段審査で苦労している方々は、ここをおろそかにしているのではないかと思います。理合に適っていれば剣道が美しくなるし、美しさは強さを兼ね備えている、いや、兼ね備えていなければなりません。私はつねにそこを求めていますし、剣道とはそういうものだと思います。

中田勝巳教士八段

現在の段位をまっとうできているか

いかに自主性、主体性をもって剣道に取り組めるか

――平成30年5月、谷先生は範士に、中田先生は八段になられたわけですが、そもそものお二人の関係性からお聞きしてよろしいですか？

谷　私が高崎商業高校で教員をしていたとき、中田君が入学して剣道部に入部してきた。そのときからの関係です。八段に合格した先生を前にしていうのも変な話ですが、当時はまさかこれほどまでに活躍するとは思いませんでした。

――中田先生はなぜ高崎商業高校に進学しようと思ったのですか？

中田　実は、中学卒業をメドに剣道は辞めようと思っていました。進学先を決める段階になって、亡くなった父に高校でも剣道を続けた方がよいと勧められ、やるからには谷先生のもとで剣道がしたいと思って、高崎商業に進むことを決めました。

谷　私が高崎商業に赴任して2年目に、教え子をはじめて個人戦ですがインターハイに連れて行くことができました。中田君が入学してきたのは4年目のことだったと思います。当時の群馬県はいわゆる強豪校のレベルが競っていて、どの学校にもインターハイにいけるチャンスがありました。中田君は2年生のときに団体で、3年生のときに個人戦でインターハイに出場しているはずです。

中田勝巳教士八段
なかだ・かつみ／昭和46年生まれ、群馬県出身。高崎商業高校時代に谷勝彦氏から指導を受け、インターハイで個人ベスト８に進出するなど活躍。卒業後は群馬県警察に奉職し、全日本選手権をはじめとする各種全国大会に出場を果たした。現在は群馬県警察剣道師範、特練監督として後進の指導にあたる。平成30年５月、八段合格。
中田八段は谷範士の教えをもとに、どんな相手とでもつねに捨てきって打つ稽古を心がけている。

中田　はい。高校2年生のとき、団体戦で兵庫県の赤穂で開催されたインターハイに出場しました。たしか高崎商業としては、34年ぶりのインターハイ団体出場だったと記憶しています。翌年は団体戦での出場が叶わず、個人戦のみインターハイに出場することができました。

谷　中田君の学年は男子が7名、女子が2名いたと思います。入学当時の中田君は身体もポチャッとしていて、正直なところ、どれくらいの素質があるかは私自身はかりかねているところがありました。ただ、夏休みに入る前までに体重もグッと落ちて、非常に稽古熱心だと感じていました。

中田　中学時代はあまり稽古をしていなかったもので、高校に入って一生懸命稽古をするようになってから、4ヶ月で14キロくらい痩せました。

谷　入学時点で中田君が飛び抜けて強かったかといわれれば、決してそうではありません。しかし努力家であったことは断言できます。当時は私も若かったので、かなり厳しい稽古を生徒たちに課していたと思いますが、しっかりとついてきてくれて、インターハイにも出場してくれました。

中田　谷先生はほぼ毎日、稽古にこられて私たちの元に立っておられました。私なりに心がけていたのは、先生が元に立っているときはかならず稽古をお願いするということです。部内では暗黙の了解で、稽古をお願いした翌日は掛からないというものがあったのですが（笑）、私は毎日お願いしていたと思います。

谷　インターハイに出場したいとか、勝ちたいという気持ちがあるなら掛かってこいと、昔はよく生徒にいっていました。中田君がいつも掛かってきていたのはよく覚えています。中学で実績を残してきている人間は、剣道もすでにできあがっている部分が多く伸びしろが少ない場合もある。中田君はよくも悪くもクセのな

い剣道をしていて、充分な伸びしろを持っていると感じたので面白いと思っていました。

――当時の高崎商業は、どのような稽古をしていたのでしょうか?

谷　私が指導者の根本としていたのは、まず自分が試合に出て結果を残すことで背中を見せる。稽古も生徒のためというよりは、自分の稽古だと思って元に立っていました。もちろん生徒たちをインターハイに連れて行きたいという気持ちは持っていましたが、いわゆる試合に勝たせるためだけの稽古は指導したくないという気持ちもありました。ですから、稽古の内容は基本が多かったと思いますし、かならず防具を着けて、生徒たちと一緒に強くなっていこうと考えていました。

中田　稽古時間は一日3時間ほどでしたが、そのうち2時間が基本だったと思います。私も高校に入って、基本を徹底的に指導されました。

谷　基本にもさまざまな解釈があると思います。たとえば切り返し一つとっても、ただ漫然と行なっているだけでは強くなることはできないでしょう。正面打ち、左右面打ちなど、打突の一つひとつを切り取って実戦を意識する。大きく振りかぶって打つ面打ちも、試合で使うことなどないという人もいますが、そういう大技の練習だと思えば意識が変わります。基本をただの基本で終わらせないことが大切だと、当時から生徒たちには伝えていたと思います。

中田　高崎商業は毎週月曜日が稽古休みだったのですが、この休みを使って何をするかが重要だと、よく谷先生にはいわれていました。土日は遠征に出ることも多かったので、部員で集まってビデオを見て研究することもありました。家に帰ってからは走り込みや素振りをそれぞれがしていたと思います。私も3年間、走り込みと素振りは続けていました。

谷　私からあれをしろ、これをしろということはありませんでした。中田君の年代は素直な人間が多かったので、そういった見えない努力を続けていった結果が、インターハイの出場に結びついたのだと思います。道場にいるときだけが稽古ではなくて、帰ってから道場に戻ってくる間も稽古だよと、よくいっていたと思います。みんなと同じことをやっているだけでは差はつかない。いかに自主性、主体性をもって剣道に取り組めるかが、強くなる分かれ目、大成する分かれ目ではないかと思います。その意味では、

中田君はその分かれ目をしっかり理解していたのだと思います。

中田　素質のなかった私が、なぜインターハイに出場できるまでになれたかと問われれば、それはやはり谷先生にご指導いただいた基本が根本にあると思います。先生は自分を崩して打つような技を指導されることはありませんでした。自分を崩すのではなくて、相手を崩して打つ。この重要性に早い段階で気づくことができたのは、先生のご指導の賜物だと感じています。

谷　剣道の打突には原理原則があります。そこから外れてしまうような指導は、将来、生徒たちが剣道を続けていく上で障害になると思っていました。私の指導を信じて、剣道を続けて八段にまでなってくれたのですから、これほどうれしいことはありません。

恩師のアドバイスで リラックスして臨めた八段審査

――中田先生はこの5月、はじめての八段審査挑戦で見事合格されました。谷先生は高校を卒業してからも、群馬県警に進んだ中田先生の成長を見続けてこられたと思いますが、今回の審査に関してはどのような印象を持たれていましたか？

谷　本人を目の前にしていうのははばかられますが、まさか一発で受かるとは思っていませんでした。ただ、審査後の映像を見たときに、これは受かるだろうと納得がいきました。それほど素晴らしい立合だったと思います。中田君は私に気を遣ったのか、「審査前に谷先生の稽古会に参加して、そこでいただいたアドバイスがよかった」といってくれているようですが、アドバイス一つで受かるような審査ではありません（笑）。紛れもなく中田君の力で得た合格です。

――アドバイスというのは？

谷　4月に国体予選があったのですが、そこでの中田君の剣道はあまりよく見えませんでした。八段審査を意識しているのか、つくりすぎているように私には見えました。そこで、稽古会のときに「そんなにつくったってダメだ。試合のつもりで一本にかけた方がよい」と声を掛けたんです。

――その言葉で審査に臨む気持ちが固まった。

中田　そうですね。審査当日は、自分でも分かるぐらい調子がよかったと思います。ただ、審査の直前になって、すごく緊張しているなと感じました。そのときに、谷先生にいわれたように試合に挑むような気持ちに切り替えたところ、一次審査では身体が自然と反応して動くようになりました。審査を終えて、まわりの人から「よかったよ」といっていただいて、二次審査にもリラックスして臨むことができました。

谷　二次審査はよくここまで我慢したな、といえるような、私からみても鳥肌が立つような素晴らしい立合でした。私の経験で恐縮ですが、私が八段戦で優勝したときは、気剣体一致の「やじろべえ」みたいなものがぴったりとおさまったような、力むでもなく打ち焦ることもない、心と体のバランスが非常に整った状態でした。今回の中田君の立合も、そんな状態だったように感じます。とくに最初に打った返し胴は、会場がどよめくほどのこれ以上ない打突でした。

中田　初太刀は面を打つつもりだったのですが、実際に立ち合ってみると面に跳べる間合ではありませんでした。そこでもう少し間を詰めようと攻めていったところにお相手の方が面を打ってきたので、自然と返し胴を打つことになりました。このとき、群馬県の講習会で聞いた「初太刀に胴を打って、そのあとに面に跳んで胴を抜かれるパターンが一番よくない」という言葉がフッと降りてきて、焦って面にはいかないようにはしたのですが……、正直そこからはあまり記憶がないんです。とても不思議な感覚でした。

谷　剣道では無心の技こそ最上だといわれますが、そこには冷静な判断ができる精神状態も求められます。出遅れるでもなく、受けるわけでもなく、身体が自然と反応する状況があって、その状況をあの緊張する場でつくり出せたことが、中田君が合格した理由だと思います。

――合格したときのお気持ちはいかがでしたか？

中田　もちろん合格するつもりで審査には臨みましたが、実際に合格してみると、信じられないという気持ちしかありませんでした。

――教え子が八段になる感覚はいかがですか？

谷　こんなに早く教え子から八段が出るとは思っていませんでした。しかも、まわりのみなさんから立合を非常に高く評価してもらえている。これが一番うれしいことです。

段位合格は、合格した段位の修業が許された証

――今回の特集は、審査に向けた「準備」が大きなテーマとなっています。六段審査であれば五段受有後5年以上、七段審査は六段受有後6年以上、八段審査は七段受有後10年以上という長い修業年限が課されているわけですが、この期間を準備という目線でどう過ごせばよいか、ご自身の体験も含めてお聞かせいただければと思います。

谷　修業の方針として私がよくいうのは、たとえば七段を受かったときに、自分は七段の力があるんだということではなくて、これから七段の修業をすることを認められたというふうに考えなさいということです。各段位の修業を充分に積んだから次の段位に進むことができる。中田君は八段に合格して、これがスタートラ

イン。ここから八段の修業がはじまるのだと思います。私の場合は範士号をいただくことができましたが、これがゴールではなくて、これから果てしない修業のスタートを切ったと、そうとらえています。

——合格がスタートラインになる。

谷　そうです。そう考えると、上の段位に合格するための修業ではなくて、現在の段位をまっとうできているかという目線に変わります。誰が見ても充分な七段だねというレベルに達しなければ、八段合格は難しいと思いますし、それは七段でも六段でも同じことだと思います。これは中田君にも八段審査の前に伝えたのですが、構えたときに格の違い、位の違いが見えるようにならなければ、八段を受ける資格はない。もっといえば、七段として充分に風格を備えた、実力を備えたとなって、もう七段の修業は充分ですよと誰の目にも明らかになったときに、八段になれるのだと思います。剣道の修業は、試合に勝つことや審査に合格することが励みになる部分は大きいと思うので、そこを目標にすること自体は否定しません。しかし、勝利や合格が目標となれば、その目標を達成したときに燃え尽きてしまいかねない。今私がいったような考え方であれば、つねに自分を高めていくことができるのではないかと思っています。

——中田先生は七段に合格してからの10年間、どのような準備をしてこられましたか？

中田　谷先生に貴重なお話を聞かせていただいた後で恐縮ですが、私は群馬県という決して恵まれてはいない環境のなかで自分を高めていくために、まずは試合を一つのモチベーションとしていました。群馬県の段別試合や国体の予選など、定期的に目標を定めていくことで緊張感を保ち、自分の剣道を見直す機会にしていました。できる限り県内の稽古会に足を運んで、谷先生をはじめとする上手の先生方に稽古をいただくことも、自分の剣道を正すよい機会となっていました。

——実際に八段を意識しはじめたのは、いつぐらいからでしょうか？

中田　今から3年前くらいだと思います。そのきっかけも谷先生でした。谷先生から「そろそろ京都大会にも足を運んで、先生方の立合を見た方がいい。これは八段に合格するためではなくて、剣道家として大事なことだ」といわれました。谷先生も佐藤成明先生（範士八段）から同じようなアドバイスを受けたと聞いて、京都大会の朝稽古に参加するようになり、八段審査も見に行くようになりました。

谷　佐藤先生にこのアドバイスをいただいたのは、42歳のころだったと思います。当時は剣道部の顧問をしていたので5月の連休は遠征が多く、京都大会のことはまったく頭にありませんでした。そんなときに佐藤先生から「そろそろ京都大会に出て、八段の剣士がどのような剣道をしているのか勉強しておくべきだ」といわれまして、中田君と同じように朝稽古に参加するようになりました。

中田　京都大会に足を運んで先生方に稽古をお願いするなかで気づいたのは、理に適った技を身につけなければならないということです。谷先生からも、八段に合格するためのテクニックなどないという教えをいただいていましたし、やはり基本に立ち返って理に適った技を求めていこうと思いました。

――理に適った技は、どのようにしたら身につくものですか？

谷　私の立場でいせてもらえば、剣道の修業は「剣の理法の修錬による人間形成の道である」という言葉にもあるように、「心法」と「身法」と「刀法」の三つを正しく理解しておく必要があると思います。噛み砕いていえば、心ができていなければ、攻めや機会をとらえることなどできません。身体ができていなければ、せっかく強い攻めができたとしても、そこから技につなげることができません。そして刀法を理解していなければ、打突を一本にすることができません。話は戻りますが、これらは七段の修業を経るなかで身につけておかなければならないことです。もし八段に合格するためのテクニックが存在するとするならば、このいわゆる「心技体」を稽古のなかでどれだけ早く理解し、習得できるか、これがテクニックということになるのだと思います。

中田　私は谷先生に稽古をお願いすると、いつも構えについて注意されていました。3年前から八段審査に向けた準備をはじめたわけですが、まず手をつけたのが構えです。長かった柄を短くして、腰が落ちないように背中を張る。へそを下に向けることも意識しました。構えと動きがマッチするまでに2年くらいかかったと思います。

――やはり上の先生に掛かってアドバイスをいただくことはとても大事になりますね。

谷　それはもちろんそうだと思います。私はこの年齢になっても、佐藤先生から「少し足幅が広いんじゃないか」など注意をいただきます。段位が上がっていくにつれてそういった指導を受ける回数も減っていきますが、いつまでもいってもらえるというのはうれしいことですね。自分が目指すべき、こうなりたいというような師匠を早い段階で見つけて、数多く稽古をお願いすることは、剣道修業においてはとても大切なことなのではないかと実感しています。

相手と合気になる、同調する打たれる稽古にこそ上達はある

――中田先生は、七段の修業を重ねていくなかで、どのあたりに自分の成長を感じていましたか？

中田　稽古では相手と同調するというか、自分勝手に技を出して

いくことを戒めて、手元を上げずに間合を詰めていくことを意識していました。この稽古を重ねていくことで、攻めや機会といったものも少しずつですが見えてきたような気がしていました。

谷　とくに溜めの部分は、簡単に打ってこなくなったので、錬れてきているなと感じていました。ただ、これは一つの壁を乗り越えた後の話で、七段になったばかりの人は、まず待たないで攻めきる稽古を励行するとよいと思います。待つ剣道をしていては、成長はありません。返されるかもしれない、迎え突きをされるかもしれない、そんなおそれを乗り越えて、自分がここだと感じた機会に捨てきる。そのとき、先生方に注意をいただいて、段々と打つ機会が身についてくるのだと思います。

中田　私も、いつ技を出すのかはとても大事だと感じています。集中して気を高め、ここぞというところで技を出す稽古は、一番自分の身になると思います。

——七段になると元に立つことも多く、なかなか掛かる立場になれないと思います。

谷　中田君は一番に面を着けて私に掛かってきて、そのあとに元に立っていました。それができるかどうかだと思います。

——元に立つときに意識しておくべきことはありますか？

中田　掛かってこられるということは、努めて相手が技を出してくる状況があるということです。そこで迎え突きをするのではなくて、相手が自分勝手に技を出してくるのであれば、さばいて機会を教えてあげる。そして、相手と同調してここぞというときに技を出す。これは私が日ごろの稽古で行なっていることです。

谷　気持ちの部分で、稽古をつけてやるという心構えではダメだと思います。私は稽古相手の強いところで勝負することを心がけています。合気になって相手の得意なところを読む。もちろん打たれることもありますが、それが自分にとってもよい稽古になります。

——相手の土俵で勝負する。

谷　そうですね。当然、お互いのやりとりのなかで自分の強いところも示していくわけですが、そこで勝負をしてしまっては稽古になりません。相手の強いところを引き出して、機会をみてこちらも捨てきった技が出せるような稽古をすると、自己満足の稽古にならず、お互いに利がある稽古ができると思います。

中田　私は小学生や中学生と稽古をする機会があるのですが、そのときは少しだけ上のレベルで稽古をするように心がけています。たとえば相面であれば、わずかに早く打ってあげる。これもよい稽古になります。

谷　小学生を相手にしていても、たまによい面を打たれることがありますよ。そのときはちゃんと「まいった！」というようにしています（笑）。

——大人の稽古はほとんどが地稽古という稽古会も少なくありませんが、先ほど基本の重要性が話で出ていたように、そういった稽古をする機会を設けることも大切だと思います。そのあたりについてはどう考えていますか？

谷　私が参加している稽古会では、1時間程度の稽古のなかで、基本や打ち込み稽古もかならず行なうようにしています。基本稽古を行なうことで、自分の剣道をどうしていきたいかという課題が明確になります。前述したように、基本をどのようにして稽古や試合で活かすのか。これを理解していれば、基本稽古もかならず身になるはずです。

中田　自分の悪いところが分かるのが、基本稽古のよいところだと思います。地稽古だとどうしても相手に合わせる場面が出てくるので、自分を省みる意味でも基本稽古はつねに行なっていた方がよいと思います。

谷　あと稽古についてもう一ついっておきたいのは、捨てることですね。自分から捨てていくということは、打たれる可能性も出てきます。打つという動作自体が隙になるわけですから。だからといって、自分から打っていかない、相手に打たせない稽古はできるわけですが、それをやってしまうと上達はない。相手が小学生であろうが、合気になって捨てて打つ。打たれることは決して悪いことではないという意識を持つことが大切です。

中田　打たれる稽古と、打たれにいく稽古は違います。自分が捨てて打ちに出るなかで打たれたのであれば、それはよいことだと思います。

――中田先生は今後、どんな八段を目指していきたいと思われていますか？

中田　私は谷先生というよい見本が近くにいらっしゃるので、谷先生が八段を取られてからの稽古も見てきていますし、つねに進化を求めて稽古をしていきたいと考えています。

谷　こうやって頑張っている教え子がいるから、自分も頑張っていかなければならないと感じますね。〝師弟同行〟という言葉がありますが、私も佐藤先生や作道正夫先生が命を削って剣道に取り組む姿を見て、自分もあのような剣士になりたいと思いました。私の仕事は、先生方の教えを中田君たちに伝えていくことだと思っています。

中田　私もその教えをまた次の世代に伝えていけるような存在になりたいと思います。

渡辺正行（タレント）

剣道と正面から向き合い楽しむ

稽古と試合と審査に同一性を

渡辺　稽古をつけていただきありがとうございました。大変勉強になりました。

谷　こちらこそありがとうございました。そういってもらえて光栄です。

渡辺　今回は春先に控えている私の六段審査に向けて、何か稽古のヒントになるようなものが得られないかと思い伺わせていただいたわけですけども、まず昇段審査に向けた特別な稽古というものが必要なのかどうか、谷範士の見解をお聞きしたいのですが。

谷　渡辺さん、昇段審査は何を見て合否を判断していると思いますか？

渡辺　それは正しい剣道をしているかどうかとか、一本をとったかどうかとか、そういったところでしょうか。

谷　審査員それぞれに着眼点の違いはあると思いますが、私が審査をする立場になったときに一番注目しているのは、いかに基本通りに、そしてシンプルに技を遣うことができているかです。昇段審査は同レベルの相手と立合を行ないます。そんな相手に対して基本通りの技を打ち込むのは容易ではありません。それこそ、相手との〝格〟の違いを見せる必要があり、その格の違いが合否を分ける、私はそう考えています。

渡辺　格の違いですか。私はまだ試合に勝ちたいとか、一本をとりたいという気持ちが強くて、剣道における格とかそういったものが理解できていなくて……。

谷　格というと難しく感じるかもしれませんが、簡単にいえば剣道の質において相手との差を見せるということでしょう。そのためには普段の稽古から基本を大事にする意識づけをしておくことが重要かと思います。これができていれば、特段、昇段審査に向けた特別な稽古は必要ないのかなと感じています。

渡辺　そうはいいますけども、やっぱり稽古と審査や試合は別物のような気がして。どこかにコツのようなものはないものかと(笑)。

谷　よくいわれるのは、稽古は試合のように、試合は審査のように、そして審査は稽古のように、ということですね。稽古と試合と審査を三すくみで考えて、いかに同一性を持たせて稽古ができるか、これが剣道の理想です。ただ、コツといった部分でアドバイスをさせていただくのであれば、試合に向けて試合練習を積み重ねるように、審査に向けても立合練習を積み重ねることは意味があります。どこが見られているか、なにをしなければならないかなどを理解し、短い立合時間のなかで自分を表現する。この経験を重ねておけば、遠回りせずに合格を勝ち取ることができるのではないでしょうか。

渡辺　なるほど。日々の稽古での心がけと、立合練習ということですね。ただ日々の稽古においては、どうしても試合で勝ちたいとか、そういったことを念頭に置いた稽古になりがちで、結果、審査で表現したい剣道とはほど遠い動きになってしまって……。だから審査直前になって稽古のやり方を切り替えるんですけど、それではもう遅い。

谷　おっしゃりたいことはよく分かります。先ほど審査と試合に同一性を持たせるといいましたが、これが実は難しい。なぜなら、試合は相手を打って審判の旗をあげさせることが目的となりますが、審査は相手を打つまでの過程が重要視されるからです。目的が違うわけですから、そこに至るまでのプロセスも変わってくるというのが当然。ただ、そのなかでも同一性を求めていくというのが、剣道修業のとても大事な部分だと思いますね。考え方として持っておきたいのは、試合においても勝った負けたのみにとらわれず、どういった展開や試合ができたかを考える。そこに一定の評価基準を持っておくと、審査と試合がある意味では近いものになっていくのではないかと思います。

渡辺　いまおっしゃられたような考え方を、谷範士は若いころからお持ちだったのでしょうか?

谷　いやいや、私も全日本選手権に挑戦しているころは、やっぱりなんとかして勝ちたいと思いながら日々の稽古に取り組んでいましたよ。そのときは稽古や試合が将来の昇段に活かされるといった感覚は、ほとんど持っていなかったと思います。ただ、一つ自信を持っていえるのは、私は勝ちたいという想いと同じくらい、よい剣道をしたいという気持ちで全日本選手権を戦っていました。挑戦するたびに負けて帰ってくるわけですが、そのときに「よい

渡辺正行
わたなべ・まさゆき／昭和31年生まれ、千葉県出身。夷隅町立国吉中学校で竹刀を握り、進学した大多喜高校でも剣道を続ける。明治大学在学中、劇団テアトル・エコーに入所し、ラサール石井と小宮孝泰とともにコントグループ「コント赤信号」を結成。昭和55年にデビューし、数々のテレビ番組に出演して人気を博す。55歳のときに剣道を再開。令和３年４月に六段合格。（取材は令和２年12月）

剣道だったね」と評価をいただいたことが、自分の剣道は間違っていないんだという自信になっていきました。

渡辺　よい剣道で試合に勝ちたい、ということですか。私もそういう気持ちになれたらいいんですけど、どうしても目先の一本ばかりを追ってしまうんですよね。反省します（笑）。

結果よりも過程を大事に

渡辺　谷範士は現在、剣道における最高峰の範士八段でいらっしゃるわけですが、修業の過程のなかで剣道観が変わるタイミングみたいなものはあったのでしょうか。

谷　それはもちろんありますよ。さすがに子どものころから今のような考え方で剣道をしてきたわけではありません（笑）。一番、自分のなかで剣道観が変わったなと思ったのは八段審査に挑戦しているときです。七段まではすべて一発で合格してきて、自分のなかでも八段に一発合格してやろうという気持ちがありました。しかし見事に落ちて、次の目標は46歳での合格に置いたわけですけど、これも失敗。このときに自分を省みたわけですね。なんで早く受かりたいのか、早く受かることでまわりに褒められたいのかと。50代で八段になればたいしたものだといわれる世界ですから、急ぐのをやめて一回気持ちをリセットしてやるべきことを整理してみると、まだまだやらなければならないことが山積みでした。3度目の八段審査挑戦はそれらを咀嚼している段階で、まだ合格は遠いのではないかと思っていたのですが、不思議なものでそんなときに結果が出るんですよね。

渡辺　絶対に合格したいという気持ちがなくなって、自分を表現することに徹したときに、結果が出たということですね。私もそうありたいですけど、やっぱり受かりたい。

谷　審査に挑戦している人で、受かりたくないと思っている人なんていないですよ。でも「受かりたい＝打ちたい」ではなくて、どうやって攻め崩して、ここぞという機会に技を出すのか。この一点に集中できたことが、合格へとつながったのかもしれません。

渡辺　私も相手を打ったら合格という考えをまず改めて、日々の稽古に臨んでいきたいと思います。いまいわれていたような、打つまでの過程を重視した稽古に取り組もうと考えたときに、稽古で意識しておいた方がよいことはありますか？

谷　相手が上手であろうが下手であろうが、つねに同じ気持ちで稽古をすることは大切だと思います。とくに下手との稽古は、どうしてもラクをした稽古になりがちなんですね。受ける気持ちになってしまう。先ほどいった稽古と審査の同一性を持たせるといった観点から考えれば、どんな相手に対しても合気になり、攻めて溜めて崩して捨てきる。これを繰り返し実行することが審査合格につながっていくと思います。

渡辺　今回、谷範士には私の稽古をみていただいたわけですけども、率直にいまの私に六段合格の力はありますか……？

谷　剣道の力量といった面では、渡辺さんは六段に受かる力があると私は感じました。

渡辺　本当ですか！

谷　ただ、それは今の力を審査の場で充分に発揮することができれば、です。力を出し切れば受かると変に慢心してしまうと、実際の立合が慎重になったり雑になったりしてしまうことがあるので、そこは注意された方がいいと思います。

渡辺　褒められると図に乗ってしまう性格で（笑）。逆にプレッシャーだなぁ。

谷　最終的には〝覚悟〟を決めて臨むしかありません。今の自分にできるベストの剣道を審査の場で披露する。変によい点数をもらおうとしないことです。失敗してもいいというくらいのつもりで、自分の力を信じて開き直ることがポイントだと思います。私もそうでしたから。

渡辺　覚悟が決まるくらい開き直って審査に臨むには、やっぱり日々の稽古で積み重ねてきた自信のようなものが必要になりますよね。もっと稽古をしないと。

谷　稽古をしているなかで、思いも寄らない動きや技が出た経験は誰しもがあると思います。何かが舞い降りてきて、一瞬だけ別人のようになったというか。これはおそらく、打ちたい、打たれたくないという気持ちを跳び越えた、いわゆる無心の技というもので、これが審査の場でであれば間違いなく受かりますよ。

渡辺 そんな経験あったかな……。でもそんな無心の技が出るくらい、必死に稽古に取り組んで行けということですね。

谷 そういうことです。とはいえ、無心になろうとすればするほど無心ではなくなる。禅問答のようですけども（笑）。

渡辺 八段の先生方にはその境地が見えるのかもしれませんが、私なんてまったく。

谷 剣道は、理屈はわかるけど実践はできないということばかりです。すべてが理屈どおりにいくのであれば、八段審査だって簡単に受かりますよ。できないことを何度も繰り返して、その積み重ねから無心の技が生まれる。なるほどこういうことだったのかと理屈と実践が噛み合うのは、審査でいえば合格をいただいた後でしょうね。私も八段に合格して、なんだこういうことだったのかと見えてきたものがたくさんありました。

「理合」に適った剣道を心がける

渡辺 今回谷範士にいただいたご指導のなかで、素振りの一本から実戦と同じ気持ちでやりなさいという言葉がすごく心に残っています。自分はそんな気持ちで一本一本を大事に振ることができていたかなと。すべての稽古が実戦につながるという意識づけは、上達をはかる上でもとても大事なポイントですね。

谷 そうですね。素振りに関していえば、とくに社会人の剣道愛好家は素振りの時間を満足にとることができないと思います。そうなったときに重要になるのは、いかにして一本一本に意味を持たせるかということ。この心がけ一つで上達のスピードは変わると思います。

渡辺 基本稽古についても、なぜこの稽古を行なう必要があるのかなど細かくご指導いただけたので、なるほどと思う瞬間が多々ありました。剣道との向き合い方が分かったようですごくためになりました。

谷 それはよかったです。ただ、理屈どおりの動きというのは技の練習や基本の練習では容易にできますが、試合や審査では思うようにいきません。なぜなら、そこには打たせまいとする相手がいるからです。その段階にくると、次は機会や攻め、あるいは技の組み立てなど戦術的な部分が必要になってきます。ひと言でいえば「理合」を求めていくということになるかと思います。

渡辺 これまでは漠然と、それぞれの稽古をぶつ切りに考えて行なっていましたが、これからはすべてを関連づけて「理合」に適った剣道を心がけていかなければならない、ということですかね。

谷 そういうことです。その心がけができると、切り返しや打ち込み稽古、掛かり稽古など一つひとつの稽古がもっと意味を持ってくるんですよ。

渡辺 そうですよね。いやいや掛かり稽古をしているのと、掛かり稽古がどういう意味を持っているかを考えながら行なうのとでは、当然成果も変わってくる。もっともっと高い意識で稽古に取

り組んで行かなければならないと、気持ちを新たにすることができました。

谷　その気持ちを持つことができただけでも、合格に近づけたと思いますよ。

渡辺　そうですかね……って、また図に乗るところでした（笑）。谷範士はほとんど審査で失敗したことはないと思いますけども、私は失敗する可能性が大いにある。もし落ちたときは、どのようにしてモチベーションを戻せばいいですかね？

谷　考え方を変えて見るのも一つの手かもしれません。渡辺さんが受ける六段審査の合格率はだいたい20％前後。8割の人が落ちるわけで、そう考えるととても難しいように感じます。しかし、自分と審査員との勝負だと思えば、審査員がよいと思うか悪いと思うか、この二つだけ。確率でいえば五分五分なわけですから、こう考え方を変えてみると気持ちがラクになりませんか？　もし不合格になったのであれば、まだ五段の修業でやり残したことがある、そう思って自分の剣道を見直していけばよいのです。

渡辺　なるほど、六段に受かるというのは、五段の修業が終わった証拠ということなんですね。

谷　私は六段のときも七段のときも、つねにそういう気持ちでした。今は八段の修業を経て、ゴールのない範士の修業がはじまったところです。

良いも悪いも含めて剣道を楽しむ

渡辺　私が何度目の審査で合格できるかは分かりませんが、もし何度も落ちてどうしたらいいか分からなくなったときの対処法はありますか？

谷　何度も落ちるということは、自分の悪いところが理解できていないということなのかもしれません。そんなときに道しるべとなってくれるのは良師です。剣道の世界では昔から、時間を掛けてでも良師を見つけなさいといわれます。私も信頼できる良師に恵まれて、ここまでくることができました。最終的に結果を出すのは自分ですが、そこまでの道筋を示してくださる存在というのは、とても大きいと思います。

渡辺　次の審査にはもう間に合わないな（笑）。

谷　人間、分からないから悩むわけです。答えを知っている先生が近くにいれば迷わなくてすむわけですし、先生の言葉を信じて稽古に励めば必ず結果はついてくると思いますよ。

渡辺　よい先生に就いて、いただいた言葉の意味をしっかりと考える。分かりました。

谷　先生の言葉を噛み砕いて、自分の中で核となるものをつくる。これができれば道に迷ったとしても戻ってくることができますし、修正も容易になります。ほとんどの剣士はよいところもあれば悪いところもある。剣道の修業というのは、悪いところを改善し、よいところを確実にモノにしていく作業ともいます。これには努力を積み重ねるしかないんですね。かくいう私も、まだまだダメなところはたくさんあります。ただ、そのダメなところをそのままにしないで、先生に聞いたり自分で考えたりしながら、なんとかよい方向に持っていく。これはある意味、剣道の楽しみ方ともいえると思います。

渡辺　私も剣道を再開してから稽古が楽しくて仕方ないんですが、ただそれだけではなくて、よい部分も悪い部分も含めて自分が上達していく過程まで楽しむことができたら最高ですね。

谷　私が60歳で範士を頂戴したときに、とある先生から「剣道は60代が一番強くなれる。これから面白くなるぞ」という言葉をいただきました。これまで見えなかったいろんなものが見えるようになって、もっと強くなれるという実感が出てくるというわけです。渡辺さんもこれから、もっともっと高い次元で剣道が楽しいと思える段階がくるはずですよ。

渡辺　今回、稽古にお付き合いいただいて、いろんなお話までいただいて、とてもためになりました。剣道に対する考え方や向き合い方が広がったような気がして、これまでよりももっと真剣に、そして楽しく剣道に取り組んでいきたいと思います。

谷　頑張れば必ず報われるときはきますから。一つ段階を越えるとまた新たなステージが見えてきて、どんどんと世界が広がっていきます。これからも是非、剣道を続けていって下さい。

渡辺　本当にありがとうございました。

おわりに

地球規模での温暖化の影響で、年々平均気温が上昇し、世界各地で異常気象が報告されています。私の住む群馬県の平野部も、近年夏の最高気温が40度近くになる日も増え、夏の稽古は命がけと感じるほどになってきました。

振り返ってみると、例年辛い夏を乗り越えて、秋は新チームでの生徒の試合や自分の試合。冬は次年度に向けた合宿や遠征、そして自分自身の各地への寒稽古まわり。春、新年度に向けた合宿や練習試合を経て、慌ただしく関東や全国大会の予選を兼ねた県大会の開幕。勝っても負けても、また夏到来。おそらく、学校現場で教師として剣道指導に関わる方々は、同じような一年を送っていることでしょう。

ところで、私が剣道を始めたのは小学校二年生の頃でした。鮮魚商を営んでいた実家と同じ町内あった東部通信道場に二つ上の兄が通っており、私も兄にくっついて竹刀を握り始めました。その道場はコンクリート製品を製造していた東部通信工業の敷地内にあり、館長で恩師の故古関幸平先生は同社の社長であり、当時の群馬県剣道連盟の会長をつとめられていました。

入門当初から、古関先生にはたいへん目をかけていただきました。「お前は筋がいい」とか「将来は大物になる」とおだてられたことを覚えています。古関先生は本当に引き立て上手、褒め上手な先生であり、そのことが私の剣道継続の理由となり、結果として筑波大学への進学に大きな影響を与えてくださったことはいうまでもありません。

その後、筑波大学では佐藤成明先生をはじめ素晴らしい先生方のご指導をいただきながら、剣道を専門的に学ぶことができました。卒業後は、数年後に国体開催を控えた郷里の高校教員となり、剣道の指導者としての道を歩むこととなりました。

本書は、前述のような私個人の今日までの剣道経験の中で培った剣道の対人的・技術的理論の考察となっており、月刊『剣道時代』に投稿した特集記事を一冊にまとめたものです。「はじめに」でも記しましたが、私が剣道八段に合格した平成16年（2004年）以降に掲載された記事をまとめています。個人的経験や実践にもとづいた拙い内容でありますが、本書を手に取り、日々の稽古の中で生かしていただければ望外の喜びであります。

むすびに、本書を上梓するにあたっては多くの方々のご協力やご助言をいただきました。特に、剣道時代編集長の小林伸郎氏、撮影を担当していただいた故徳江正之カメラマン、西口邦彦カメラマンには特段の感謝を申し上げ、あとがきとさせていただきます。

令和四年六月吉日　谷　勝彦

本書に収録した記事は雑誌『剣道時代』に掲載されたものに加筆しました。
修業論は書下ろし。

初出一覧

上達の着眼点　二〇一八年十一月号
高段者への道　二〇一九年四月号
崩さずに打つ　二〇一一年九月号
打ち切る　二〇一三年四月号
出ばなを打つ　二〇一七年七月号
素振りの要諦　二〇一八年六月号
剣道上達講座　二〇一四年十月号
対談香田郡秀　二〇二〇年三月号
対談中田勝巳　二〇一八年九月号
対談渡辺正行　二〇二一年四月号

［著者略歴］
谷　勝彦
たに・かつひこ／昭和32年生まれ、群馬県出身。新島学園高校から筑波大学へと進学し、卒業後、群馬県の高校教員となる。47歳で八段昇段、教員としては校長職まで勤め上げた。主な戦績として、全日本選抜八段優勝大会優勝（２位２回）、全日本選手権大会出場、全国教職員大会団体優勝、全日本東西対抗大会出場などがある。現在、慶應義塾體育會剣道部師範。剣道範士八段。

優美《ゆうび》な剣道《けんどう》 出《で》ばな一閃《いっせん》

令和５年3月25日　第１版第１刷発行
著　者――谷　勝彦
発行者――手塚栄司
組　版――株式会社石山組版所
撮　影――徳江正之、西口邦彦
編　集――株式会社小林事務所
発行所――株式会社体育とスポーツ出版社
〒135-0016　東京都江東区東陽2-2-20 3階
TEL 03-3291-0911
FAX 03-3293-7750
http://www.taiiku-sports.co.jp
印刷所――図書印刷株式会社
検印省略

ISBN978-4-88458-437-5　C3075　Printed in Japan